給和平
一個機會

Give Peace a Chance

朱雲鵬——著

謹以本書獻給

家人

以及好友

John H. Y. Edwards

{目錄}

第 1 章 台海會不會發生戰爭？

第 2 章 美國會不會從雙重阻卻改為主動挑釁？

第 **3** 章 對外運輸中斷對台灣生產與就業的衝擊

第 **4** 章 經濟脫鉤對中國大陸與美國的可能影響

第 **5** 章 中華民國是台海和平的庇佑

第 **6** 章 給和平一個機會：你應當成為你所希
望看到的改變

推薦序

蘇宏達／臺灣大學社會科學院院長

臺灣大學政治系莫內講座教授

歐洲科學與藝術學院院士

法國巴黎第四大學國際關係史博士

「和平！和平！和平！」

今年九月，我接待了來自西班牙的戶外雕塑大師 Carlos Ciriza。這位來自西班牙東北巴斯克區藝術家最著名的作品，就是聖雅各朝聖之路（The Way of St. James Navarra）的沿線大型藝術創作。在他身上，我再次親睹了西班牙融合歐洲精緻、北非狂野和地中海波瀾的文化魅力。

其實，何止西班牙？整個歐洲都是文化和生活的巨人，處處俱是令人欽羨的美景、精品、佳餚、展演、櫥窗，從任何一個角落取景，就是一幅美圖。歐洲更是現化文明的發源地，舉凡工業革命、理性啟蒙、民主政治、自由人權、資本市場，無一不來自歐洲，所孕育出的思想家、科學家、企業主、大文豪，更主宰了整個地球數百年。

但是，廿世紀的兩次大戰，不只毀滅了歐洲的城鎮、

工業、經濟、人口，更徹底瓦解了歐洲人的自尊。二戰期間，在納粹德國宰制下，整個歐洲大陸遂行種族滅絕，大肆屠殺猶太人、任何被視為低下的民族，以及所有反抗者。連自詡人權立國的法蘭西和音樂之都奧地利都沆瀣一氣。歐洲的榮景和榮耀遂戛然而止，美國趁勢崛起，取而代之。

失去了和平，歐洲幾世紀累積的財富、建設、人才瞬間毀壞殆盡；歐洲人講究自由、人權、博愛而傲視其它文明的豪氣，也在戰後變成了無比的羞恥。回首這段歷史，管理學大師彼得杜拉克（Peter Drucker）即感傷地說，那些自牛津、劍橋、巴黎、海德堡等名校畢業的高材生，原本應成為最優秀工程師、醫師、科學家、文學家，卻在廿多歲時失去生命，永遠躺在今天幾乎無人記得的土堆裡。

每每回顧歐洲廿世紀慘痛的歷史，我不由為台灣、台海、整個中國和亞洲憂心。在經濟快速發展的同時，所有亞洲國家的民族情緒高漲。而激情民族主義的一個特點，就是仇恨鄰居。要仇恨，就先要把鄰居妖魔化，同時把自己神聖化，建立一個「黑與白、好對壞」的簡化論述，彷彿自己面臨一切難解雜症，都來自這個可惡的鄰居。人人妖魔化鄰居的結果，就是個個失去了安全感。因此，所

有亞洲國家富裕後都拼命地買武器、死命地巴結鄰居的對手。結果，和平離我們愈來愈遠，戰火卻愈來愈近，其中又以台海最險。

這也正是這本書的價值和主題：給和平一個機會！作者朱教授是國內外知名的經濟學家，不但學養豐厚、長期參與產業發展，而且曾實際制定政策、持續針砭時政，是極少數橫跨產、官、學且直接聯結國際社群的政經大師。尤其，異於坊間其它呼喊和平的嘶吼，本書針對戰爭的風險以及軍事衝突對台灣整個社會可能的損害論述，都植基於具體的統計、清晰的梳理和合理的依據，並歸結到一個重要的結論：今天，我們必須堅定地捍衛中華民國，才能繼續擁有和平而能生存發展。

在談兵論武高漲的今日，本書如暮鼓警鐘，奔走嘶喊「和平！和平！和平！」實值得所有台灣人、大陸人、海外華人，甚至全亞洲人細讀並三思再思。

作者自序

　　在美國留學的時候，親身經歷了卡特總統拯救困在伊朗的人質失敗，而在其後總統大選中敗給雷根的過程。當時不知道，在雷根擔任總統的期間，美國的財富分配開始走向歷史性的轉折，而美國的製造業也進入結構性的變局。兩個發展，讓美國的勞工和中產階級受到雙重的擠壓。從那時開始，美國開始有了責怪外國的心理。這樣的心理，從雷根時代的美日經濟衝突，一直演變到川普時代的中美貿易戰；後者的對立，最近幾年更已從貿易戰，演進到意識形態、民眾觀感、科學技術，也牽涉到國防和軍事的全面對壘。

　　經濟學人週刊曾把台灣稱為「全世界最危險的地方」；其他西方媒體和知識界，對於台海是否可能發生戰事，也都出現了數量龐大的報導、研究、分析和辯論。

　　在台灣內部，開始出現全民備戰的呼聲和行動。國防預算增加、兵役延長、武器增購、後備軍人教召加強演練、憲兵增員、部分警察開始接受戰時的相關訓練、民防

演習加強等等。

這些事情的發展，一件件單獨來看，好像是即時新聞，明天就被其他新聞覆蓋。但是整體來看，痕跡鑿鑿，讓人不能不覺察出一個訊息——環繞在台灣的氣氛和趨勢，不像是會繼續維持和平的現狀，而是可能開始出現變動。

貿易戰發生後，我和共同作者寫了《中美貿易戰：一場沒有贏家的對決》一書。在該書的最後一節，我們寫道：「和平，太珍貴了……台灣應當可以成為『和平的拿破崙』……台灣應該而且可以扮演的地位就是和平使者，不論是貿易戰的和平，還是軍事衝突的和平。」

當時，兩國還沒有從貿易戰升高到軍事對壘的情形，但是該書已經做這樣的呼籲。從經濟上來看，該書分析，大陸出口到美國的前20大，四分之三是台灣廠商，所以中美貿易戰如果擴大，台灣的廠商將受害。軍事方面，該書沒有分析，但是近來本地和國外的訊息均顯示，如果台海發生戰事，台灣被設定將採取的縱深戰略涵蓋全民作戰、本島作戰、豪豬式或刺蝟式作戰；那台灣人民和企業將無可迴避地經歷一場歷史性的災難。所以，和貿易戰一樣，台灣應該有動機當一個「和平的拿破崙」。

在這樣的緣起下，著手撰寫本書，並把書名取為《給

和平一個機會》。本書試圖分析國際局勢、脫離和平的經濟代價和台灣可以做的事，與所有和平的愛好者與推動者相互切磋及共同勉勵。

這本書的出版，要感謝很多人。感謝馬英九前總統為書名題字；在構思撰寫的過程中也曾親自向他請教，獲益良多，尤其對於開羅宣言和波茨坦宣言的國際法上效力，有了更深刻的認識。感謝台大社科院蘇宏達院長為本書寫序，並對於初稿提供了高見；感謝蘇起前主委、林建甫榮譽教授和吳崇涵教授的推薦；感謝陳文茜女士閱讀初稿並提供寶貴建議；在寫作過程中另曾向多位不同領域的專家請益，也感謝他們提出的珍貴見解。感謝《中美貿易戰》一書的共同作者歐宜佩女士，在計算貿易中斷的經濟效果部分給予協助。當然，最後的內容，是由作者自行撰修，應獨自對於文中可能的疏誤負責。

我們生活在和平中久了，可能把和平視為理所當然。不過，從歷史的經驗得知，和平不會是理所當然；努力爭取，還不一定能夠得到，如果輕忽或躲避這個議題，那就更危險了。希望本書能夠為台海和平的維護，吹響一個號角，讓大家來共同努力。

第一章

台海會不會
發生戰爭？

美國 2023 年新一屆眾議院設立「中國問題特別委員會」，於第一次開聽證會時，看到議員的發言，彷彿時光回到了 1950 年代的冷戰時期。兩黨議員競相譴責中國，主席蓋拉格與其他議員均把中共定位為美國的「生存性」威脅，並將美國的所有問題都歸咎於它。

——法里德・扎卡利亞（Fareed Zakaria）[1]

1　法里德・扎卡利亞（Fareed Zakaria）為美國著名學者、時事評論家和作家，擔任 CNN 時事評論節目 GPS 的製片人及主持人，2023 年 3 月 2 日發表於美國華盛頓郵報，參見 Zakaria，2023：https://www.washingtonpost.com/opinions/ 2023/03/02/china-hearings-bipartisan-hysteria/。句中所提到之蓋拉格（Mike Gallagher）為美國威斯康辛州共和黨籍聯邦眾議員，兼任眾議院「中國問題特別委員會」主席。

一、戰爭將至？過去沒有成為事實

戰爭這個議題曾經在台灣熱門過。例如在中華民國退出聯合國、與美國斷交的時候，曾有人擔心戰爭將至而離開台灣。後來戰爭沒有來，而且台幣在斷交的六年後，隨著貿易順差快速擴大以及來自美國的壓力，升值了三成，使得當初變賣台幣資產而去換美元的人蒙受損失。

在1994年李登輝執政時代，坊間曾經有一本書《一九九五年閏八月》，預測大陸將在1995年攻台，據說出版後三個月內就賣出了十五萬本。後來因為李登輝訪美、台灣舉行總統直選等因素，1996年確實曾經發生共軍飛彈演習事件，俗稱台海飛彈危機，但也沒有演變為戰爭。

在2023年的現在，為什麼又開始出現對於台海發生戰爭的討論，而且愈來愈熱烈？會不會像前兩次一樣，只是擔心而已，沒有成為事實？還是，這次不一樣，是真的需要擔心？

二、國際局勢已經改變：美中關係進入新階段

我們希望這次只是擔心，一樣不至於成為事實。但分

析起來，這次的確有一個重大的不同，值得我們的注意。最大的不同，就是美國和中華人民共和國的關係改變了。

1979年台美斷交的時刻，是美國聯中抗俄的美中關係蜜月期，當時美國不可能希望台海發生戰爭，也與中華人民共和國有足夠的溝通管道，可以化解可能出現的有關於台灣的爭執。

1995年也一樣。當時當政的柯林頓，無意改變與中國（大陸）的基本關係，甚至還在任期的後面，同意中國（大陸）加入世界貿易組織（WTO），讓大陸的經濟融入世界市場。當時美國對中政策的主流思潮，是「接觸」（engagement），希望透過更多的政治、軍事、學術、投資、貿易等接觸和交流，促成中國（大陸）在體制上產生改變，從而和西方更像或至少更友善。

到了今日，情況完全不同。

中國（大陸）的經濟體變大了，成為世界工廠。相對而言，美國的許多傳統製造業式微，工人被遣散。美國公共電視在2018年有個節目，名為「被遺忘的美國」，以俄亥俄州代頓市及其周遭地區為例，分析為何該區在2016年打破過去幾十年來均支持民主黨總統候選人的傳統，而把多數的票投給共和黨的川普。其結論很簡單，就是當地傳

統製造業歇業或遷廠，工人被迫轉到低工資的工作，貧富差距擴大，毒品蔓延。中國大陸的崛起，被認為是問題的重要根源。

川普非常瞭解也善用這種「反中」情結，他於2015年在紐約宣布競選總統的講詞裡，就把中華人民共和國當作美國的主要對手。2017年初，在川普上任後約四十天，發表了他的「總統貿易政策咨文」，內容基本上是針對中國（大陸）的一篇「討檄文」，形同經濟宣戰。[2] 2018年6月，在川普與北韓元首金正恩會面後四天，美國宣布對中國（大陸）進行貿易制裁，也就是俗稱「貿易戰」的開始。整個的過程，在《中美貿易戰：一場沒有贏家的對決》（朱雲鵬、歐宜佩，2019）一書中有詳細的敘述。[3]

---

2 但川普在此年春曾接待習近平訪美，另在該年11月訪中。當時氣氛還算好，主要集中在美國對中的貿易逆差。當時美國國內民眾對中國（大陸）的印象「友善」與「不友善」的差距不到一成。參見Silver-Huang-Clancy, 2022, https://www.pewresearch.org/global/2022/09/28/how-global-public-opinion-of-china-has-shifted-in-the-xi-era/。

3 朱雲鵬、歐宜佩（2019），頁73。在該書中，我們引述美國政論家戴維‧羅特科普夫的話：「美國似乎從內心深處需要敵人……政客們喜歡敵人，因為敲打敵人有助於煽起公眾的情緒，將他們的注意力從國內問題上轉移；國防工業喜歡敵人，因為這能幫他們賺錢；學者喜歡敵人，因為敵人讓他們的出版物暢銷。」對眾多的美國政治人物而言，現在這個敵人就是中華人民共和國。

依據民調，美國民間對中共態度不友善的比率增加，新冠疫情之後尤其如此。[4]政治人物跟著民眾走，開始增加反中共的音量，知識分子也愈來愈多人反中共。有些知識分子是基於意識型態，早就逢中必反，其他則是看到中國（大陸）逐漸壯大，而日益擔憂；例如他們舉出，依據世界銀行的估計，用購買力評價計算的GDP，中國（大陸）已經在2017年超過美國。[5]

三、舊的國際局勢下台美以「維持和平的現狀」為雙邊關係的基礎

　　蔣介石從抗戰開始一直到退守台灣，都試圖和美國維持密切關係。退守台灣的前期，他試圖讓美國協助他反攻大陸，但美國沒有此意，後來則依靠《中華民國與美利堅合眾國間共同防禦條約》，簡稱《中美共同防禦條約》來協助台灣的防衛。

4　依據皮尤中心調查，在中美貿易戰和新冠疫情後，美國人對中國（大陸）有不友善看法的比率升到大約八成，而持友善態度者降至二成。參見：Silver-Huang-Clancy。

5　參見：https://data.worldbank.org/indicator/NY.GDP.MKTP.PP.CD。

1972年尼克森訪問中國（大陸），美國與中共的關係邁入新的階段。從那年開始，一直到歐巴馬時代，美中關係基本上建立在三個公報之上（見胡為真，2001）。第一個，是1972年的《上海公報》，其主要內容包括：

- 中美關係正常化符合兩國利益；
- 國際爭端應在尊重主權、不干涉別國內政等基礎上解決，反對任何國家在亞洲建立霸權或在世界範圍內劃分利益範圍；
- 中華人民共和國政府堅決反對任何旨在製造「一中一台」、「一個中國、兩個政府」、「兩個中國」、「台灣獨立」和鼓吹「台灣地位未定論」的活動；
- 美方認識到（acknowledge）海峽兩岸所有的中國人都堅持一個中國，台灣是中國的一部分，並對這一立場不提出異議（not to challenge）。美方重申對中國人自己和平解決台灣問題的關心，並隨著地區緊張局勢的緩和，將逐步減少駐台美軍設施和武裝力量；
- 擴大兩國民間交流與往來，為雙邊貿易提供便利；
- 保持接觸管道。

第二個，是1979年的《中美建交公報》，其主要內容是：

- 美國承認（recognize）中華人民共和國政府是中國的唯一合法政府。
- 美國認識到（acknowledge）「只有一個中國，台灣是中國的一部分」。
- 反對任何國家在亞洲建立霸權。

第三個，是1982年雷根總統時代與中共聯合發布的《八一七公報》，全稱為《中美就解決美國向台出售武器問題的公告》，其主要內容為：

- 美國向台灣出售的武器在性能和數量上將不超過美中建交後近幾年供應的水平；
- 美國準備逐步減少其對台灣的武器出售；
- ［此問題］經過一段時間後最終得到解決。

據最新解密文件指出，雷根在發布此公報之同時，簽了一個內部的備忘錄給國家安全會議，表示美國同意減少對台軍售的意願係以中國（大陸）持續其和平解決台灣與

中共分歧的承諾為先決條件。[6]

從這幾個文件的內容看來，美國的立場很清楚，就是在與中華人民共和國維持友善關係的同時，將依據《台灣關係法》與台灣維持實質的關係，俾便維持美國的第一島鏈防禦。

在這種情況下，台美具有共同的利益，就是「維持現狀」。絕大多數台灣人民希望維持現狀；美國無意主動去改變現狀，不打算允許對岸用非和平的方式改變現狀，同時也不允許台灣用法理獨立來改變現狀。台灣藉著這樣的三角關係，得到「維持現狀」的鞏固。

這種狀況，常被稱為「雙重阻卻」或「雙重嚇阻」（dual deterrence）[7]，就是一方面讓北京知道，美國維持「一中」立場，但如果北京試圖單方面改變現狀，可能引來美國的強烈干預，另一方面，讓台北知道，不得單方面尋求台灣獨立。

但是，美國的立場有改變的可能性。

6　並提到美國對台提供武器之性能與數量視中華人民共和國所構成之威脅而定，無論就數量和性能而言，台灣相對於中華人民共和國的防衛能力皆應得到維持。參見：https://www.ait.org.tw/zhtw/six-assurances-1982-zh/。

7　Richard Bush, *Difficult Choices, Taiwan's Quest for Security and the Good Life* (Washington, D.C., Brookings, 2021), 312-316.

四、新的國際情勢：美國可能採取劇烈方式阻止中國崛起

美國哈佛大學艾利森教授在其《注定一戰？中美能否避免修昔底德陷阱》（2018）一書中說，美國面對中國崛起可能採取四種選擇，一是「調適」，也就是逐漸接受；二是「顛覆破壞」：支持西藏和台灣獨立，進行網路滲透並發布敵意內容，美國軍隊……訓練……分離主義者，試圖造成中國內亂；三是「探判尋求緩和」；四是「重新定義大國關係」。

不知道美國最後會做那一個選擇，不過，從現在的趨勢看來，走第二條路也就是發動代理戰爭的可能性不能被排除，而且似乎音量愈來愈大。走第一條路不可能，不符合美國當前民粹反中的熱潮；走第三條路和第四條路都不容易，也不完全符合美國當前多數民意。

中美的對峙不再限於經濟，早已擴展到外交、軍事、技術和文化，甚至有人說已經逐漸陷入冷戰，是當今世界最危險的大國角力。

美國會不會在鷹派政治人物和意見領袖的帶領下，決定走「主動找機會引發對抗」的路，在台海發動一場「代

理戰爭」？果真如此的話，台灣應該怎麼辦？戰爭的可能損害有多大？有沒有方法可以找到一條和平之路？

　　本書試圖為這些問題提供分析並提出解決之道。

第二章
美國會不會從雙重阻卻
改為主動挑釁？

美中並無非一戰不可的理由；兩國並沒有被不可逆轉的歷史衝突力量所俘虜的必然性。要避免戰爭最好的方法就是試圖了解對方的戰略思維，並建立兩國可以在競爭狀態下共存共榮的架構——「可管控的戰略競爭」

——陸克文（Kevin Rudd）[1]

1　澳洲前總理，現任澳洲駐美大使。見Kevin Rudd (2022b), *The Avoidable War: The Dangers of a Catastrophic Conflict Between the US and Xi Jinping's China*。N.Y.: PublicAffairs。

「迫使中國用一種會激發美國盟友危險意識的方法作戰」：中國基於本身利益會竭力避免它陷入『對鄰國形成巨大威脅的』情境，所以要確認北京會照這個劇本演出，很可能需要用故意的行動（deliberate action）來激發。美國及其盟友必須籌備、擺出姿態、採取行動來迫使（compel）中國不得不採取會讓盟國覺得它可怕性超過想像的行動⋯⋯其中一個方法就是提高戰爭的殘忍性⋯⋯美國可以用各種方法讓精準打擊無法順利進行，迫使中共實施較大規模的打擊，規模一大，就會造成台灣民間的傷亡，激起美國及其盟國人民的公憤，於是協力抗中。

——柯伯吉（Elbridge Colby）[2]

2　Colby, Elbridge, 2021, *The Strategy of Denial*：*American Defense in an Age of Great Power Conflict*《拒止戰略：大國衝突時代中的美國國防》，Yale University Press。作者為前川普政府國防部副助理部長。此書被華爾街日報選為當年度十大好書之一。「迫使中共用一種會激發美國盟友危險意識的方法作戰」（Making China Fight in a Way That Changes the Coalition's Threat Perception）為第十章之小節名，見原書第210頁。依據該書以及英國籍軍事記者魯西諾斯（Roussinos, Aris, 2021）的歸納：https://unherd.com/2021/11/should-we-force-china-into-war/。

「雙重阻卻」與「維持現狀」相輔相成，一如上一章所言。前者也被稱為「戰略模糊」，也就是美國不明白宣布台灣被侵時必然出兵防衛：既留給北京一個外交空間，也防止台北在有恃無恐的情況下宣布獨立；但實際上很清楚地讓雙方知道，美國不會讓任一方以單方面的行動來改變現狀。[3]

　　但是，如果美國的戰略目標不再是維持現狀，而是改採上章艾利森所言的第二種策略「顛覆破壞」，要主動挑起動亂，來牽制中國（大陸）的崛起，那情況就不一樣了。這種情況，可稱為從「阻卻」或「嚇阻」（deterrence）改為「挑釁」（provocation）。

　　目前有無跡象美國已經向這個方向傾斜了？在回答這個問題之前，我們必須先定義「美國」是什麼。「美國」可以代表很多意義；一是現在的美國政府，二是美國的民意、政黨、政治人物、意見領袖、媒體報導……等。前者只有一個，但也有不同的部門、不同的政黨；後者則更是一個複雜、動態、多元的有機體，各種力量相互影響，形

3　依據陳文茜（2023），「拜登政府的戰略模糊，已經轉變為在模糊和清晰之間游移」。見：https://www.youtube.com/watch?v=U92HkZQm5YY。

成結果，而且隨著新事件的來臨，不斷改變。

美國當然有贊成和平、維護和平，不主張冒進的聲音，以下將一一敘述。不過，如用「鴿派」（喜好和平）和「鷹派」（勇猛好鬥）的對比，來描述美國所出現各種對未來美中關係的分析，那近年來「鷹派」確實占了上風。在政府政策方面也是一樣，從川普開始，到現在的拜登，其說法和作法愈來愈有鷹派的傾向。不過，同樣鷹派，還是需要區分較激烈的鷹派、較溫和的鷹派、來自不同派別及源流的鷹派。我們舉幾個例子。

一、鷹派大將有哪些？

1. 艾布里奇・柯比（Elbridge Colby；中文名柯伯吉）：美國應激怒中共來戰

他曾擔任川普政府的國防部副助理部長，據說是當時(2018年)美國國防部所公布國防戰略報告[4]的主要籌劃人。2021年他出版了一本書，名為《拒止戰略：大國衝突

4　U.S. Department of Defense, 2018, https://dod.defense.gov/Portals/1/Documents/pubs/2018-National-Defense-Strategy-Summary.pdf。

時代中的美國國防》，詳細地描述他的戰略構想。這本書的第十章，名為「綁住戰略」（Binding Strategy），點出了全書的重點。所謂綁住，就是迫使敵人開戰，而且迫使敵人提高戰爭的規模，造成（台灣）平民的重大傷亡，激起美國及其盟國人民的公憤，於是協力抗中。

依據英國籍軍事記者魯西諾斯（Aris Roussinos）的分析，柯氏的策略可總結如下：

- 激怒中國，使衝突升級，中國被迫進行攻擊，這樣就成為「侵略者」。
- 敦促美國不要為潛在的平民目標提供防空系統，意思是讓中共的攻擊造成台灣平民的重大傷亡。柯比認為，這樣才會激起美國及其盟友的公憤，進而聯合對付中共，而贏得勝利。[5]

柯氏在書中舉了很多歷史上用這個方法而激勵士氣，導致軍事成功的前例。他說「國家可以引誘或甚至迫使敵

5　Roussinos（2021）的標題為：「我們可以贏得與中國的戰爭嗎：迫使北京升級[衝突]可能對我們有利」，見：https://unherd.com/2021/11/should-we-force-china-into-war/。

人做出一些事，讓這個國家〔的國民〕和他國〔盟友〕改變對敵人及其所欲達成目標的看法〔亦即提高仇恨與反感〕。」在美國內戰期間，他說：「林肯很靈巧地…讓他們〔反叛的州〕……開了第一槍，導致忠於聯邦的州民蜂擁支持林肯以及大批志願作戰者加入聯邦軍隊。如果聯邦軍隊開了第一槍，會不會有這樣的結果就很難講。」（Colby, 2021, 第208頁）

柯氏接著在「迫使中共用一種會激發美國盟友危險意識的方法作戰」一節中說，中共基於本身利益會竭力避免它陷入這樣的情境，所以要確認北京會照這個劇本演出，「很可能需要用故意的行動（deliberate action）」來激發。美國及其盟友必須籌備、擺出姿態、採取行動來迫使（compel）中國不得不採取會讓盟國覺得它可怕性超過想像的行動。[6]

要怎麼樣做呢？其中一個方法就是提高戰爭的殘忍性。在「殘忍」（Colby, 2021, 第219頁）的一節中，柯氏寫道，中共犯台時會想實施精準打擊，但美國可以用各種

6　Colby，2021，第210頁。在中華民國國防部所出版柯氏一書的翻譯本中，此地的「deliberate」被翻譯為「審慎的」，令人訝異；見國防部出版，《拒止戰略》（2022），台北市：國防部。

方法讓精準打擊無法順利進行，迫使中共實施較大規模的打擊。規模一大，就會造成台灣民間的傷亡，甚至會牽涉到敏感目標如醫院和學校。例如，對港口的攻擊有可能打中觀光郵輪或民間油輪，引發大火，蔓延到鄰近地區。對機場的攻擊，有可能打中民航機或登機艙。他舉西班牙內戰時期的一個例子：西班牙由佛郎哥領導的叛軍，要求其法西斯盟友德國和義大利出兵，轟炸政府軍所轄西班牙巴斯克地區的格爾尼卡市（Guernica），原計畫是摧毀道路和橋樑，卻因轟炸規模很大，造成大批的平民傷亡，結果影響全球輿論，掀起了對法西斯的反感。

主要是基於這樣的理由，柯氏寫道：「把珍貴資源如空中和飛彈防禦部署在保衛純民間設施，不會是明智的。」[7]原因很簡單，當中共被迫進行大規模攻擊時，台灣的平民將因此產生重大傷亡，這將促使美國及其盟友重新評估中共的惡性，而做出一致且強烈的反擊。一如上述魯西諾斯的歸納。

同年美國卡內基基金會前執行長麥修斯（Jessica T.

7　原文為：[I]t would be unwise for the United States and its allies and partners to allocate scarce resources such as air and missile defenses to defending purely civilian facilities，見Colby，2021，第221頁。

Mathews）在《外交事務》（*Foreign Affairs*）期刊撰寫書評時指出，柯氏的看法是基於以下的假設：

- 中共有野心在短期內尋求成為地區性霸權，而且在長期間尋求世界霸權。
- 備戰以及進入戰爭，是美國可以用來對付中共威脅的最好或唯一辦法。
- 一旦台灣發生戰爭，鄰近地區的國家將一改過去不明顯靠邊站的政策，而改為加入美國所組成的聯盟，共同抗中。
- 發生在台灣的戰爭，將局限在台灣，不會外溢。[8]

2019年，美國眾院「美中經濟暨安全審議委員會」，就「世界級軍事力量：對中國全球軍事野心的評估」，邀請柯氏出席作證。柯氏在會議上立陳，美國與中國在世界各地進行擴散性對抗升級（horizontal escalation），成本太

8　Mathews, 2021, https://www.foreignaffairs.com/reviews/capsule-review/2021-12-14/strategy-denial-american-defense-age-great-power-conflict?gclid=Cj0KCQjwocShBhCOARIsAFVYq0gV15Ijzh-JE_onwdGvvw70dVn-TDC7bZUTwHRJBCdhNjINDqLu__saAjVbEALw_wcB。

大，對美國不利；意思是最好能夠一點突破。這和他著作所主張的戰略，是相符的。而這「一點」，無疑地就是台灣。[9]

在派別分類上，柯比自稱為「現實主義者」（realist），以有別於「自由主義鷹派」（liberal hawk）或「新保守派」（neo-conservative）。在國際關係上，現實主義的意思就是國際社會無所謂上層約制或國際規範，基本上如同叢林，由具有實力的大國在角力。各大國基於其本身利益，試圖維持或擴大勢力範圍——這是主宰大國策略的唯一準則。大國不必試圖輸出自由民主等意識型態，來「拯救」全球，而單純地就是要擴大自己的霸權力道和範圍。

現實主義者又可分為防禦性（defensive）的現實主義，和攻擊性（offensive）的現實主義。前者指大國既然已經擁有勢力範圍，重點就在維持現狀，讓自己繼續有

9　Colby, 2019, Testimony to U.S.-China Economic and Security Review Commission，US Congress。對柯氏的看法，有來自各地的不同的聲音。例如上述美國前卡內基金會麥修斯說：柯氏的諸多假設，是否為真，頗有疑問，如此對於他的立論會有「致命」性的不利；來源見前註。新加坡新島日報與台灣洞媒體則報導了一篇出現在澳洲媒體平台上，由維塔奇（Nury Vittach）與海恩斯（Phill Hynes）所撰的「戰略家承認西方正在煽動中國開戰」一文，見：Vittachi and Hynes, 2021。另見王慶偉，2022，「烏台兩熱點 美國寫劇本？」《星島日報》。

這個霸權。後者指大國角力不會局限於維持目前的勢力範圍，也可能採攻勢策略，試圖擴大勢力範圍，或主動減損其他大國的勢力範圍。如果看柯氏的上述言論，他似乎屬於後者。[10]

2. 龐佩奧（Mike Pompeo）：吹響新冷戰的號角

龐氏畢業於西點軍校，2010年由反歐巴馬的茶黨（Tea Party）[11]支持而以共和黨籍當選堪薩斯州的聯邦眾議院；曾經擔任川普政府的中央情報局局長和國務卿。他是川普手下的反中大將，他的反中言論曾經達到有時會被川普制止的程度。[12]他屬於舊冷戰時期反共思維的重生；他反中共的基本論調，和1930到50年代美國所通行的反共、反俄言論相似，就是美國正在進行一場對付共產主義的「聖戰」，為了保衛美國的自由民主，不能手軟。

10　現實主義者有另一個特質，就是主張美國應集中力量對付亞洲的中共，而不應讓美國陷入「次要事務」如歐洲的烏克蘭戰爭。在柯比的著作和言論中常見此類論點。見：Heilbrunn, Jacob, 2023, https://www.politico.com/news/magazine/2023/04/11/tucker-carlson-eldridge-colby-00090211。

11　見朱雲鵬、吳崇涵、歐宜佩（2020）《美國夢的破碎與重建：從總統大選看新冷戰與國家學習能力》，台北：時報出版；第二章。

12　見Pompeo (2023)，*Never Give an Inch: Fighting for the America I Love*，Northampton, MA：Broadside Books。

在2020年7月23日，距離他卸任國務卿不到200天，他在加州美國前總統尼克森的紀念圖書館發表一個演講，題目是「共黨中國與自由世界的未來」，在場人士包括魏京生、王丹等中國旅美民運人士。

他在演講中表示：這是……一個複雜而全新、前所未有的挑戰：蘇聯當時〔指美蘇冷戰時期〕與自由世界隔離；而共產主義中國如今已經在這裡，在我們的國境之內。他說：「如果自由世界不改變共產主義中國，共產主義中國就會改變我們……自由世界曾打敗過強權，如今必須再次對抗強權中國。」他這次的講話被稱為是宣示美中新冷戰時代來臨的「新鐵幕演講」。

他還說：「我今天的講話，是一系列有關中國的演說當中的第四篇，另外三篇是由我邀請的講者來發表，分別是國家安全顧問歐布萊恩（Robert O'Brien）、聯邦調查局局長瑞伊（Chris Wray）和司法部長巴爾（William Barr）。我們有個……明確的目的……那就是要說明美國與中國關係的不同層面、對方在數十年間造成這個關係嚴重失衡的問題，以及中國共產黨稱霸的圖謀…我的目標是為美國人民完整詳細地說明，來自中國的威脅對我們的經濟、我們的自由，甚至全球自由民主的意義……我們……

必須促使中國轉變，就像尼克森總統希望的那樣。我們必須以更有創意、更強勢的方式促使中共改變，因為北京的行為威脅到我們的人民與我們的繁榮……如果我們現在不行動，中共最終將侵害我們的自由，顛覆我們社會努力建起的、以法治為基礎的秩序。」[13]

在他卸任之後，仍然在全球各地進行演講、參與活動。2023年3月，他接受前華盛頓郵報特派員戴維斯（Bob Davis）的訪問：被問及他在國務卿任內對於中國問題最大的建樹是什麼，他說：

「我敲響了警報……中國共產黨很認真……他們在過去40年來均與美國為敵(at war)，至少在經濟方面是如此……我們把中共對於美國的多面向攻擊（attack）揭發出來。美國政府從來沒有這樣做過。」

被問及為何在卸任前夕宣布中共在新疆的行為是「種族滅絕」（genocide）？他回答說國務院內部有很多不同意見，需要時間來整合，來收集資料和聆聽各方意見。到了

---

13 中央社，2020，「蓬佩奧發表中國政策演說，稱自由世界可再次戰勝暴政」
    https://www.cna.com.tw/news/firstnews/202007245008.aspx。

任期的最後，他認為做這樣的宣布「不但是一件對的事，也是必須做的事」，所以就做了。

被問及他在2022年3月訪問台灣時，有關美國應該承認台灣是一個獨立國家的談話，他說：「習近平已經打破了現狀；我們必須回應⋯⋯我認為，正確的回應就是：承認（recognize）台灣確是一個主權獨立國家的現實狀況⋯⋯。」[14]

2022年3月3日，龐佩奧在台訪問期間拜會了總統府，獲頒贈「特種大綬景星勳章」。

3. 歐布萊恩（Robert O'Brien）：主張發AK47步槍給台灣人民

他是龐佩奧提拔的川普時代白宮國家安全事務顧問。在龐佩奧的安排下，奧布萊恩於2020年6月24日在亞利桑那州鳳凰城發表演講，強調特朗普政府正在扭轉以往對華政策的錯誤。

14　Davis, Bob, 2023, "Mike Pompeo on Sounding the Alarm about China,"https://www.thewirechina.com/2023/03/19/mike-pompeo-on-sounding-the-alarm-about-china/。

奧布萊恩表示，過去曾指望伴隨著中國富裕和強盛、中共會轉向民主、自由，遺憾的是，他說，這是「幼稚」的想法，美國此前政府「錯到實在離譜」，是「上世紀30年代以來美國對外政策最大的敗筆」。奧布萊恩稱，「川普政府對中共行動的威脅終於覺醒」，美國將採取「果斷行動」、「全面抵抗」。[15]

奧布萊恩現在任職於全球台灣中心（Global Taiwan Institute，簡稱GTI），擔任「美台關係工作小組」主席。GTI的由來為何？其官網敘述：它是一個在美國成立的非營利團體，旨在藉由促進公眾對台灣及其人民了解的政策研究與其他方案，推進台灣和其他國家尤其是美國的關係。[16]而據美國「台灣獨立建國聯盟」前主席張燦鍙（曾任台南市長）的敘述：

「在美國從事獨立運動，終極目標當然是台灣獨立，具體的策略則是成立台獨組織，團結海外台灣人民、發揮國際影響力，進而改變台灣政治現況。對內，關心台灣人

15　見BBC中文新聞網報導，https://www.bbc.com/zhongwen/trad/world-53519761，2020/7/24。

16　見：https://globaltaiwan.org/about-us/。

民的人權與政治權利；對外，利用國際舞台，向世界各地宣傳台獨理念⋯⋯

　　台獨聯盟組織發展的另一特色是擴展多元功能性的外圍組織，發揮總體戰的概念，台獨聯盟為一政治立場鮮明的剛性團體，無法面面兼具運動的各個層面，為能將觸角伸入不同領域，發揮功能，開始思考組織的橫向擴展，由主要的幹部主導成立外圍組織，以下海外台灣人社團幾乎都與聯盟有密切合作的關係⋯⋯(1)世界台灣同鄉會聯合會、(2)全美台灣人權協會、(3)「台灣公論報」、(4)台灣人公共事務協會（Formosan Association for Public Affairs, FAPA）、(5)台灣人民自決運動(由長老教會發起)、(6)北美洲教授協會、(7)北美洲台灣人醫師協會，(8)北美洲台灣婦女會⋯⋯

　　這些組織都可看到盟員幹部積極投入的身影，與台獨聯盟成為密切的合作夥伴，台獨運動呈現一種⋯生生不息的傳承。至今我們仍可看到早期投入台獨運動事業有成的台美人與第二代台美人共同出資經營，成立全球台灣研究中心（GTI），升級版的台灣人社團，貢獻於故鄉台灣。」[17]

17　張燦鍙，2017。

依據台灣媒體報導，歐布萊恩曾在智庫蘇凡中心（Soufan Center）主辦的安全論壇上表示，如果中國大陸在入侵的狀況下控制了台積電，中國將成為「矽晶片的新OPEC」，歐布萊恩表示，中共將有能力「控制全世界經濟」，他說美國和盟國將摧毀這些工廠，不讓它落入中共之手。歐布萊恩還將美國摧毀這些晶圓廠，和二戰期間法國投降德國後，前英國首相邱吉爾下令摧毀法國海軍艦隊相提並論。[18]

2023年3月歐布萊恩訪問台灣時，他否認曾經這樣說。不過他在訪台期間，引發了另外一個爭議，就是歐布萊恩在外交部為他舉行的記者會上表示，台灣應效仿中東歐國家訓練平民使用武器，當有百萬台灣人手持AK47步槍，中共領導人就可能重新評估是否侵台。歐布萊恩也說，他了解槍枝在台灣是敏感議題，且台灣文化跟美國不同，但戰爭前就要做準備，戰爭爆發再做就來不及，例如

18　劉忠勇，2023，「美前國安顧問：美寧摧毀台灣台積電工廠 不容落入中共之手」，《經濟日報》，https://udn.com/news/story/6813/7029949?from=udn-catehotnews_ch2。依據此報導，知名記者克雷門斯（Steve Clemons）表示，「歐布萊恩不是第一個提出如此想法的人。2021年，美國陸軍戰院一篇論文主張，台灣應揚言自毀這些工廠，以嚇阻中方出兵。不過，歐布萊恩如此坦率令他震驚。」

瑞士等就是槍枝由政府統一保管在軍火庫。[19]

　　2023年3月21日，歐氏在台訪問期間曾拜會總統府，獲頒贈「特種大綬景星勳章」，以「表彰他對台美關係的貢獻」。同樣曾經訪台的鷹派大將，還有一位是川普時代的前國防部長艾斯培（Mark Esper）。艾氏在2022年7月19日訪台期間，建議台灣應大幅增加國防預算，比照以色列，達到GDP的5%；他主張台灣延長義務役期，不管男性、女性都要在軍隊中服役至少1年，加強後備軍人的動員能力，以增強「不對稱戰力」。[20]

　　具體而言，艾斯培呼籲台灣，要多買像是海馬斯多管火箭、刺針和標槍飛彈等武器，因為這些都是屬於「單兵利器」，目前在俄烏戰爭中有小兵立大功的情況；台灣一直想購買的F-35戰機，艾斯培認為對台灣來說並不是關鍵武器，台灣應該要先強化不對稱戰力，只有每個民眾都懂

19　林彥臣，2023，https://www.ettoday.net/news/20230325/2466842.htm#ixzz7y1WoRIEi。

20　參見李喜明（2022）所提出之「整體防衛構想」，也就是讓全民參與備戰，以全島阻斷、狙擊和游擊等方式落實「刺蝟式」（又稱「豪豬式」）的「非對稱性防衛」。在中華民國國防部於2023年出版的《國防報告書》中，則具體描述搭配沙灘阻絕、善用……地形……鄉鎮、建物……等，形成「重層縱深反擊能力」，並稱之為「縱深防衛，以不對稱思維挑動重層嚇阻」。

得操作單兵利器，就能增強不對稱作戰。[21]

　　同日他拜訪總統府時表示，依照他的個人觀點，一中政策現在已經沒有用了，美國要遠離戰略模糊，應該有不一樣的討論。[22]

112年漢光演習期間，憲兵、後備部隊、警力等合作演習奪回台北車站（演練保衛「重要基礎設施」），來源：軍聞社，2023/7/26，https://mna.gpwb.gov.tw/news/detail/?UserKey=d950f926-8bc9-4fda-ae53-eb90117c3e52#及https://commons.wikimedia.org/w/index.php?curid=135008573。

21　TVBS記者劉亭廷於2022/7/25發表於該台之Focus世界新聞，見：https://news.tvbs.com.tw/world/1857872。

22　溫貴香，2022，「美前防長艾斯培：一中政策已無用 要遠離戰略模糊」，中央社2022/7/19報導，https://www.cna.com.tw/news/aipl/202207190088.aspx。

112年漢光演習期間,陸軍通信電子資訊訓練中心同日執行同心第33號演習,後備軍人教召員報到。來源:軍聞社,2023/7/25,https://mna.gpwb.gov.tw/news/detail/?UserKey=1732e340-7d0c-43a9-ab0a-fa99a067176b#。

4. 約翰・波頓(John Bolton):美國過去遵循的「戰略模糊」政策已經過時

波頓曾經擔任歷屆美國共和黨政府的重要職位,包含1985到1989年,在雷根政府擔任助理司法部長;1989到1993年,在老布希政府擔任主管國際組織事務的助理國務卿;2001到2005年,在小布希政府出任美國國務次卿;2005年,於參院休會期間,迴避參院審查,被小布希任命為美國常駐聯合國代表。2018年3月出任川普政府國家安

全顧問，後來和川普鬧翻，於2019年9月被解除職務。

　　波氏一貫以來都是鷹派中的鷹派，行事風格在美國備受爭議。他在小布希時代，強烈支持美國基於伊拉克有「大規模毀滅性武器」而入侵該國，推翻海珊政權；入侵後沒有找到這種武器的蹤影，但他還是支持該次行動。他擔任駐聯合國大使時，對聯合國不滿，公開批評其貪污、腐敗。他也反伊朗，反對民主黨歐巴馬政府時代與伊朗達成的協議。他反俄羅斯、中國大陸、北韓，主張美國採取強硬手段來對付這些政權，並主張美國恢復在南韓部署戰術核武。

　　他被川普解職後，在2020年發表新書《事發之室：白宮回憶錄》[23]，披露美國總統川普的對外政策。川普試圖透過法院阻止該書出版未果，而在出版後向他提告。他在書中指稱川普對中國太軟弱：說川普還曾向習要求多買農產品，來幫助選舉。

　　他在去年8月於接受澳洲媒體訪問時說，美國應該明白告訴中共，台灣是一個獨立國家，「我覺得美國過去遵循

23　Bolton，John (2020)，*The Room Where It Happened: A White House Memoir*，NY：Simon & Schuster。

的『戰略模糊』政策已經過時了；美國應該給台灣正式且全套的外交承認，而且其他國家也應當這樣做。」這個說法和之前曾來台訪問的美國前國務卿龐佩奧說法類似。[24]

2023年4月，美國前國安顧問波頓接受旅美「世界台灣人大會」和「台灣人公共事務協會」的邀請，前來台灣訪問；依據報導，行程除公開演講外，還將與正副總統碰面，成為當時台灣在外交事務上的重大事件。外交部表示：一向歡迎國際好友來訪，特別波頓大使是台灣長期堅定的友人，表達最誠摯歡迎，並將提供必要的行政協助。[25]

邀請單位「台灣人公共事務協會」是何來歷？這個於1982年在洛杉磯成立的團體，據蔡同榮（前立法委員）回憶，早期海外臺灣人為了反制當時國民黨政府在台灣壟斷媒體，美國「台灣獨立建國聯盟」主席張燦鍙（曾任台南市長）寫信給各地同鄉，請他們到洛杉磯開會，討論在島外設立電台向臺灣播送，也討論如何推展國民外交。會中決定成立「台灣人公共事務協會」（英文簡稱FAPA），其宗旨之首就是「推動國際上支持台灣人建立一個獨立、民

24　Baker, Nick, and Tom Switzer, 2022, https://www.abc.net.au/news/2022-08-28/john-bolton-on-taiwan-china-donald-trump/101377348。

25　許詠晴，2023。

主的主權國家並參與國際組織的權利。」[26] 參與者早期被列為黑名單，後來解禁，部分成員回台灣當選立委或行政首長。這是一個活躍於美國外交圈，長期推動獨立運動的重要團體。

另一邀請單位「世界台灣人大會」，是眾多獨派組織共同成立的年會，2000年12月在美國建立。2001年3月，世界台灣人大會在台北市召開第一次大會，甫當選總統的陳水扁親臨致詞。這個大會的組成團體，包含前述台灣獨立建國聯盟，也包含台灣教授協會、台灣教師聯盟、外省人台灣獨立促進會、台灣醫界聯盟基金會還有台灣東西南北四社等（依據維基百科），也是一個推動獨立運動的旅美重要組織。[27]

二、新保守主義的由來：美國應該在世界各地為民主而戰

所謂「新保守主義」，其基本觀點為美國應該在世界

---

26 蔡同榮，1990，《我要回去》。高雄：敦理出版社。

27 https://zh.wikipedia.org/zh-tw/%E4%B8%96%E7%95%8C%E5%8F%B0%E7%81%A3%E4%BA%BA%E5%A4%A7%E6%9C%83。

上以軍事及其他實力，單邊地推廣自由民主，改變世界。以上第二例的龐佩奧常被視為是「新保守主義」在川普政府中的重生[28]，有別於川普本身原來所堅持的、較偏向「孤立主義」（isolationism）的路線。[29]

　　新保守主義的最早起源，來自民主黨，包含杜魯門、甘迺迪和詹森總統，其思想根源，可以追溯到第一次世界大戰時期威爾遜總統「美國登上世界舞台為民主戰鬥」的主張。在這樣的思想脈絡下，不難了解為何1960年代的美國民主黨政府介入越戰，在詹森總統接任被刺殺的甘迺迪總統後，尤其如此，大幅升高越戰，導致重大傷亡。

　　後來美國的反越戰運動擴大，從大學校園蔓延到全國。詹森宣布不再尋求連任，共和黨的尼克森當選總統；反越戰運動持續升溫，且其公眾支持力道愈來愈大，後來迫使尼克森啟動協商、結束越戰。在此階段，反越戰的左派在民主黨內的勢力升高，也開始質疑原先自由主義鷹派

28　Petti, 2019, https://nationalinterest.org/feature/pompeo-goes-full-neocon-97432。

29　川普政府在初期主張「美國第一」，而且採取退出許多國際組織或協議的作為，因此被認為具有孤立主義的傾向。但也有不同意見的討論和分析，見：Wertheim, Stephen, 2017；Mead, Walter R., 2018；Carpenter, Ted G., 2019。

在世界各地「捍衛民主」的思想。

1972年，民主黨提名左派、反戰的麥高文參選總統，1976年，同樣提名反戰的卡特參選總統。在這兩次初選，民主黨內仍然認同「美國在世界各地為民主而戰的」的人士，均支持鷹派的參議員亨利・傑克森（Henry Jackson）參與民主黨總統初選，但都失敗了。

在這個關頭，這些在民主黨內失勢者，開啟了「新保守主義」。他們結合了原本屬於保守派的美國企業研究院（American Enterprise Institute）和傳統基金會（The Heritage Foundation）[30]，支持共和黨的候選人雷根——因為雷根主張強力對抗蘇聯的「擴張主義」。

新保守主義的思想大師，是曾經協助傑克森初選的保羅・伍夫維茲（Paul Wolfowitz），他後來在老布希的任內擔任國防部政務次長，在小布希任內擔任國防部副部長。在前者任期內，他提出蘇聯正式解體後的《國防政策指南》，「明確主張美國要擴大軍事力量、確立永久性的『獨角獸』地位，將美國的軍事力量擴展到前蘇聯的勢力範圍

30　有關美國企業研究院和傳統基金會的緣起，請見朱雲鵬、吳崇涵、毆宜佩（2020）第七章。另可見 Arin（2013）: "Think Tanks, the Brain Trusts of US Foreign Policy."

及其所有周邊地區，以防止俄羅斯作為一個大國重新崛起。」[31] 這樣的鷹派思想，影響了布希父子、克林頓乃至歐巴馬的對外政策。

他也是在小布希任內宣稱伊拉克擁有「大規模毀滅性武器」，而主張發動戰爭的重要人物之一。後來在伊拉克境內沒有發現核武，反對伊拉克戰爭的抗議人士便將伍夫維茲、總統小布希、副總統錢尼、國防部長拉姆斯菲爾德的頭像並列為「恐怖份子」。

三、自由主義鷹派與「新民主黨」的興起

自由主義鷹派的最早起源如上節所述，來自美國早期歷任民主黨籍總統如杜魯門、甘迺迪和詹森總統，但從反越戰運動興起之後，其中許多大將轉而成為「新保守派」，支持共和黨籍的雷根競選總統。其中有些要角如伍夫維茲本身還轉變過黨籍，從民主黨變成共和黨。

但在民主黨黨內，還是有較鷹派的思潮延續下來。自

---

31 黛博拉・韋內齊亞爾，2022，「誰在領導美國走向反華戰爭？」，https://www.chinatimes.com/opinion/20220521000019-262110?chdtv。

由主義鷹派應用於國際關係上，其主要思想為基於自由民主理念的干預主義（liberal interventionism）；主張藉由國際組織或結盟來推動自由民主，而且其推動方式可以包含人道援助和軍事干預。

1984年，雷根以大幅領先擊敗了民主黨的總統候選人孟代爾而當選連任之後，憂心民主黨的未來、希望重振民主黨公共形象的支持者成立了民主黨領袖委員會（Democratic Leadership Council），成員包含當時的阿肯色州州長柯林頓、來自德拉瓦州的參議員拜登，以及來自田納西州的參議員高爾。

此委員會的主要訴求在於：1960到1980年代的民主黨太過偏左，喪失了許多中產階級白人的支持，所以應該改走較中間的路線。這樣的立場被稱為是「新民主黨人」（New Democrats）；柯林頓自認為屬於新民主黨人，而且因此成功地在1992年當選總統，也在1996年獲得連任。事實上，他是小羅斯福總統以來，戰後第一位獲得連任的民主黨籍總統。[32]

這個委員會在1989年成立了一個支援民主黨擬定

---

32 見柯林頓自傳 *My Life*, Clinton, Bill (2004), NY: Knopf.

政策的智庫，稱為進步政策研究所（Progressive Policy Institute）。2003年小布希總統決定發動伊拉克戰爭時，這個研究所發表了一個文件，題為《進步的國際主義：民主黨的國家安全策略》，支持這個決定；作者包含當時任職於華府智庫「戰略與國際研究中心」（Center for Strategic and International Studies，簡稱CSIS）的庫爾特・坎貝爾（Kurt M. Campbell）以及米歇爾・佛洛諾伊（Michèle A. Flournoy）。[33]

後來這兩位都成為民主黨政府的要角。坎貝爾現任白宮國安會印太事務協調官，媒體將他稱為印太沙皇或亞洲沙皇，可見他在美國亞太政策方面的核心地位。[34]事實上，在歐巴馬總統時代，他就出任美國東亞暨太平洋事務助理國務卿，是中國事務方面的核心幕僚。

佛洛諾伊曾擔任克林頓政府的國防部戰略部副部長助理，以及歐巴馬政府在第一任的國防部政策副部長，成為當時美國國防部歷史上排名最高的女性。弗洛諾伊偕同當

33　*Progressive Internationalism: A Democrat National Security Strategy*, 見：Asmus and associates, 2003。

34　美國之音，2021/1/15：「『他是拜登亞太政策的四分衛！』前朝老將坎博接任『亞洲沙皇』，對印太事務將有何影響」，https://www.storm.mg/article/3390900。

時的國務卿希拉蕊，制訂美國打擊塔利班的阿富汗政策，以及對利比亞採取軍事干預[35]

在拜登於2020年當選總統後，她是國防部長的熱門人選，獲得眾多政治人物和團體的推薦。其實，媒體說，基於她和希拉蕊的關係，如果2016年是希拉蕊而非川普當選總統的話，她會是國防部長的不二人選。但拜登畢竟不是希拉蕊；當時媒體曾分析，她雖然很熱門，但有兩件事，使得她被拜登提名出任國防部長的機率降低。

其一，她和國防工業的關係很深。2007年她和坎貝爾等人共同創立了「新美國安全中心」（CNAS），而軍火製造商是主要的支持者。這個中心被美國媒體稱為是歐巴馬時代軍事事務方面最有影響力的智庫，其主張偏向鷹派和軍事干預。[35]

---

35 見https://inthesetimes.com/article/center-new-american-security-cnas-kamala-harris-foreign-policy-2020。其經費來源見：Boland, Barbara, 2020。事實上，依據報導，美國50個主要智庫中，CNAS從2014到2019年是軍火製造業者捐贈金額的最大收受者；見：Ben, Freeman, 2020 第13頁及Ben，2023。CNAS的其他捐贈者為其他大企業，包含雪佛龍（Chevron）、谷歌（Google）和亞馬遜（Amazon）等。後來她擔任波士頓顧問公司的顧問，依據報導，該公司在她擔任顧問期間，其國防合約金額從2013年的160萬美元增加到三年後的3千2百萬美元，見：https://www.pogo.org/analysis/2020/11/should-michele-flournoy-be-secretary-of-defense。

其二，她對阿富汗的立場與拜登顯著不同。如同前述，她協助制訂歐巴馬對付阿富汗叛軍塔利班的政策，支援阿富汗政府軍，使得美國介入阿富汗內戰更深，但拜登的立場相反，主張從阿富汗撤軍，而且後來的確如此做。

後來拜登沒有選擇佛洛諾伊，而是任命勞埃德・奧斯丁（Lloyd J. Austin）擔任國防部長，成為美國歷史上第一位非裔擔任此位者。不過，沒有人會懷疑，佛洛諾伊及其在2017年與布林肯（Anthony Blinken，現任美國國務卿）等前民主黨政府官員，所共同創立的團體「西行政諮詢顧問」（WestExec Advisors），將持續在華府扮演重要角色。[36]

四、美國仍然有愛好和平的理性聲音

美國也有許多有識之士主張和平，不主張對抗，更不主張主動挑起對抗。我們僅舉幾個例子，包含較早期的和最近的。

36　Bender, Bryan, and Theodoric Meyer, 2020。

1. 美國前總統卡特（Jimmy Carter）：讓美國成為地球上最和平的超級強國

他卸任後在其家鄉成立「卡特中心」，在全球進行服務，包含調停國際紛爭、維護公正選舉、促進人權等。諾貝爾和平獎於2002年頒給卡特，主要就是表彰此中心對促進世界和平的貢獻。

2018年川普發動美中貿易戰之後，卡特曾經寫一封信給川普，傳達一個訊息：卡特說他當總統的時候，美國和日本間有很多貿易爭議，引發雙方關係的惡化；後來他在出訪日本期間，與當時的日相共同想出一個方法，就是成立了一個非正式、不對外公開的諮詢小組，由雙方各指派若干人組成；成員包含熟悉美日關係的學者與卸任政治人物。此小組定期開會，就當時的爭議議題進行閉門會議，商討解決方案；有了結論後，就發給雙方政府，作為內部參考。卡特說，這個小組發揮了功能，有助於改善美日經貿關係。他建議川普可以考慮採取這樣一個模式，來處理當前及未來可能出現的美中爭端。[37]

37　詳朱雲鵬、吳崇涵、歐宜佩（2020），第八章。以下有關卡特部分的內容均適用。

川普沒有回信，但親自打了電話給卡特，謝謝他的來信。川普在電話中表達對於中國崛起的擔憂，擔心中國會在未來幾年取代美國成為超級強國。卡特後來在其家鄉教堂每週的證道中，對於「超級強國」四字公開地表示了他的看法。他說：

　　「如果美國是上帝判定的超級強國，而地球上任何國與國發生衝突或準備發動戰爭時，他們會這樣說：為何不去華盛頓特區？因為那裡可以找到和平，那裡是地球上最和平的超級強國……

　　假設你擔心海平面上升……或暴風雨增加……我會這樣說：為何不去華盛頓特區？因為那裡的領導人最關心環境議題……

　　假設你擔心受到不平等待遇，我會這樣說：為何不去華盛頓特區？因為那裡在《憲法》及相關的法律和習俗規範下，每個人均能獲得同等待遇……

　　這樣的超級強國概念跟你想像的有何不同呢？要成為世界的超級強權，關鍵不是成就新奇的事物，而是有賴於和平、環境、人權與平等，這些都是教義。」[38]

38　Carter, Jimmy, 2019，https://www.youtube.com/watch?v=NKHyz5iI2V4。

如果美國朝野聽得進卡特的話，而且照這樣去做，那美國在世界上的形象和地位，應該和現在有很大的差異。如果美國成為這樣一個「超級強國」，將會受到世界上其他國家發自內心的「尊敬」，而不是「害怕」。這將是「讓美國偉大」的有效途徑。

2. 十四位重量級人物聯名發表報告：戰略清晰將助長台海戰爭的可能性

這篇報告的題目是《避免在台灣發生戰爭》（Avoiding War Over Taiwan），是「美中政策研究小組」於2022年10月發表的報告。而此小組係由亞洲協會（Asia Society）美中關係研究中心與加州大學聖地牙哥分校21世紀中國研究中心於2015年共同成立。

成員均為美國美中關係的重量級人物，包含智庫學者、大學教授、前官員等，僅列舉其中的數位：

- 傅泰林（M. Taylor Fravel）：麻省理工學院講座教授。
- 葛來儀（Bonnie Glaser）：美國註冊德國馬歇爾基金會亞洲計畫主任。
- 韓磊（Paul Haenle）：卡內基國際和平基金會中國

中心主任。

- 溫斯頓・洛德（Winston Lord）：前美國駐中國大使。
- 黎安友（Andrew J. Nathan）：哥倫比亞大學教授。
- 沈大偉（David Shambaugh）：喬治華盛頓大學教授中國政策研究計畫主任
- 謝淑麗（Susan L. Shirk）：加州大學聖地牙哥分校21世紀中國研究中心；前美國國務院東亞暨太平洋事務局中國、香港、蒙古暨台灣事務副助理國務卿。
- 白潔曦（Jessica Chen Weiss）：康乃爾大學講座教授。

　　這個報告舉諾貝爾經濟學獎得主湯瑪斯・謝林（Thomas Schelling）將遊戲理論運用於國際關係的重要發現，提醒各界：大國間要有穩定關係，一方可以阻卻（deter）另一方不採取某個行動，必須同時具有兩個要件，一是可信的威脅（credible threats），另一是可信的保證（credible assurances）。如果只有前者，沒有後者，將無法達到均衡，因而可能導致衝突。

　　運用到美中台關係，這篇報告說，過去美中關係能維持穩定的基礎，在於兩個要件都成立：一方面美國沒有明

說但讓中國（大陸）相信，如果在台海用兵，美國將出面阻止；另一方面，美國讓中國相信，如果中國不在台海用武，美國不會損害中國的核心利益：美國不會支持台灣獨立，也不會恢復美國與中共建交前的中（指「中華民國」）美共同防禦機制。

報告說，要避免一場台海的戰爭，最起碼的條件，就是三邊都有所克制：台灣不宣布獨立，美國不承認台灣獨立也不重建與台灣類軍事同盟，而中國大陸不對台使用武力強迫統一。任一方都需清楚知道，如果跨過紅線，將會招致嚴重後果。但在此同時，三方也都信任其核心利益獲得保證或保障（assurances），就是任一方不跨過紅線，不會導致本身利益的重大損害，因為其核心利益會被尊重。如果任一方認為它即使不跨過紅線，對方卻會步步進逼，一再發生挑戰紅線的跡象，那這種信任關係就被破壞，戰爭的可能性將變大。

所以，這篇報告呼籲美國回到原先的穩定美中關係。如果美國從「戰略模糊」改成「戰略清晰」，也就是從不明講會出兵對付中共對台灣的攻擊，到明講如此，反而會降低「阻卻」的效力。即使採取戰略模糊，解放軍不可能不知道如果進行武力攻台，美國必然介入。但如果美國明

講將無條件以武力防衛台灣，或甚至在台駐軍，在中共眼中，就如同恢復當年的中（中華民國）美協防條約，也等於是重建美台外交關係並打算讓台灣永遠從中國分離出去。北京會認為，這樣的立場將鼓勵台灣宣布法理獨立。在現任國防部長奧斯汀公開宣稱，美國支持烏克蘭是一種削弱俄羅斯的設計後，北京會認為華府對台灣的策略也是一樣，就是要利用台灣這個工具來削弱中共。

報告的結語：「前國務卿龐佩奧『最近』曾主張要正式承認台灣獨立；前白宮國安顧問波頓主張即使在和平時期，也應派駐相當數量的美國軍隊在台灣；參院『台灣政策法』[39]提案原始版本將台灣定位為美國（非北約）同盟⋯⋯等，聽起來都像是阻卻台海發生戰事的處方；但如

39　Taiwan Policy Act of 2022（美國參議院），主旨在改變「戰略模糊」成為「戰略清晰」。此法在新一屆參議院後演變為「保護台灣與國家韌性法案」（Taiwan Protection and National Resilience Act），要求美國相關聯邦部會，向國會提出全面性制裁策略，協助美方與盟友擬定因應中國脅迫性行動的政策。由於部分議員有疑慮，參院外委會於2023/6/8通過的版本新增二聲明，一是強調不應把法案內文解讀成美國「一中政策」有改變；二是不應把法案內文解讀成使用武力的授權。見Li，Jenny，2023；deLisle，Jacques，2023，https://taiwaninsight.org/2023/01/05/us-taiwan-relations-in-2022-and-2023-the-good-the-bad-and-it-could-get-ugly/，及徐薇婷，2023，中央社報導。

果這些政策成真，會削弱北京對美中關係的信任——阻卻戰略中的重要一環——，進而大幅增加，而非減少台海發生戰爭的可能性（greatly increase, rather than decrease, the likelihood of conflict across the Taiwan Strait）。」[40]

3. 其他知識分子、團體與企業家的呼籲：美中應管控分歧、避免戰爭

隨著美中關係的惡化，這樣的呼聲愈來愈多。在此僅列舉幾個。

- 陸克文（Kevin Rudd）：美中應該建立可管控的戰略競爭

陸克文是中國通，來台學習過中文，曾擔任澳洲首相，現任澳洲駐美國大使。他在2022年年初，出版了一本書，名為《可以避免的戰爭：美國和習近平中國之間巨大衝突的危險》（Rudd, 2022b）。後來他又接受了許多媒體

---

40 Asia Society, 2022, https://asiasociety.org/center-us-china-relations/avoiding-war-over-taiwan；亦可見：Christensen, Thomas J. and associates, 2022, https://www.foreignaffairs.com/china/how-avoid-war-over-taiwan。

的訪問，闡述他的論點。

　　基本上，他認為美中關係的惡化已經到了一個地步：愈來愈多的人想定某種程度的危機、衝突或甚至戰爭將難以避免。這種思維很危險。熟悉外交歷史的人清楚，這種思維往往會自我實現。不可避免一戰的論點一旦建立，相互的詆毀將增溫，然後公共政策將逐漸從戰爭預防（war prevention）變為戰爭準備（war preparation）。歐洲在1914年就是這樣，夢遊式地、不知不覺進入世界大戰，前

畫家描述一次大戰初期於法國東線發生之1914年邊境戰役（Battle of the Frontiers），來源：https://en.wikipedia.org/wiki/World_War_I#/media/File:Georges_Scott,_A_la_ba%C3%AFonnette_!.jpg。

車可鑑。[41]

陸克文認為，美中兩國並無非一戰不可的理由；兩國並沒有被不可逆轉的歷史衝突力量所俘虜的必然性。要避免戰爭最好的方法就是試圖了解對方的戰略思維，並建立兩國可以在競爭狀態下共存共榮的架構。他把這個架構稱為「可管控的戰略競爭」（managed strategic competition）：這個架構可以允許雙方在「相互阻卻（嚇阻）」的條件下持續升高對峙，但不至於引發戰爭。

要怎麼做？第一步就是理解對方會如何解讀自己的行為並小心行事；目前雙方在這方面都不及格。最少應該做到的就是試圖了解，任一方所使用的語言、行為和外交表示，在對方的政治文化、制度和意見領袖的環境下，會如何被解讀，從而避免採取挑釁行動。

在做到第一步後，應該透過談判和對話，建立一個包含以下三方重點的架構：

(1)同意制訂一套處理原則和程序，讓彼此不跨越戰略

41　Clark，Christopher M.，2013，*The Sleepwalkers: How Europe Went to War in 1914*。

紅線。

(2)定義出競爭領域，例如外交政策、經濟政策、科技發展如半導體，允許戰略競爭，不視其為異常。

(3)定義出合作領域，例如氣候變遷，並鼓勵合作。

這個架構不一定可以完全預防危機、衝突或戰爭，但應該可以降低往這些方向發展的可能性。陸氏說，在當年冷戰的危險時代，美國和蘇聯於歷經核武大戰爆發邊緣的古巴飛彈事件後，建立了類似的架構；沒有道理現在美中之間不能這樣做。[42]

• 約瑟夫・奈伊（Joseph Nye）：美國應該避免挑釁

奈氏為政治學學者，曾任美國國防部國際安全事務助理部長及哈佛大學甘迺迪政府學院院長。他最近表示，基於美中經濟關係以及中國與多國經濟關係的密切，冷戰策略不可取，但目前不能排除冷戰的可能性。他提醒大家，

42　參見Rudd, 2022a：https://www.theguardian.com/world/2022/apr/07/how-to-stop-china-and- the-us-going-to-war。

在1914年，所有大國所預計的，都是一個短暫的第三次巴爾幹島戰爭，結果引發第一次世界大戰，打了四年，摧毀了四個王朝。

如果沒有台灣問題，美中關係可以如澳洲前總理陸克文所說，是「可管控的戰略競爭」。兩國相互挑戰的情況，絕非像1930年代的德國希特勒或1950年代蘇聯史達林那樣，與敵對方形成劍拔弩張的情勢。美中任一方都無征服對方的意圖，也沒有這個能力，但如果台灣問題不好好處理，兩國對抗可能會升高到互相認為是生存性（existential）的威脅。

即使中共沒有大規模攻擊台灣，而只是採取封鎖，或控制一個離島，「單一個海軍或飛機間的開火事件就有可能造成情況升溫，有人員傷亡的話尤其如此。如果美國進而凍結中國資產或啟動對敵貿易法（Trading with the Enemy Act），兩國將立即捲入一場冷戰甚至熱戰。」[43]

「美國應該避免採取可能導致中共加速進行入侵計畫的挑釁行動或人員訪問。如同尼克森和毛澤東多年前就有所

43　見：Nye, Joseph, 2023, https://www.irishexaminer.com/opinion/commentanalysis/arid-41083801.html。

認知，能爭取等待時間的戰略和外交安排才是可取的。」

- 法里德・扎卡利亞（Fareed Zakaria）：不應用民粹態度處理美中對抗

　　扎卡利亞是美國著名印度裔記者、時事評論家和作家，也是CNN時事評論節目GPS的製片人及主持人。他曾說，美國本屆（2023年）眾議院新設「中國問題特別委員會」（Select Committee on Strategic Competition Between the U.S. and China）第一次開聽證會時，看到議員的發言，彷彿時光回到了1950年代的冷戰時期。兩黨議員競相譴責中國，主席蓋拉格（Mike Gallagher, 威斯康辛州共和黨籍）與其他議員均把〔中國〕共產黨定位為美國的「生存性」威脅，並將美國的所有問題都歸咎於它，包含藥物濫用、新冠肺炎還有失業。扎卡利亞特別指出，諷刺的是美國目前的失業率很低，創50年以來的最低水準。

　　「可以把這種發言描述為國會表演，但它畢竟造成了一個動態環境，讓理性政策很難出頭。」那時剛發生「氣球事件」，就是有不明用途的中國氣球飄入美國領空，結果美國的反應是用空軍一連擊落三個氣球。扎氏說：「這

些氣球很可能是私人放置的氣象氣球，在空中成千上百，有的一顆只要12美元就可以買到，但美國空軍發射的飛彈一枚造價40萬美元。」

2022年8月前眾院議長斐洛西訪問台灣，反而給了解放軍一個演習封鎖全島的機會。這是他們在危機時刻最可能採取的軍事干預行動。他說：「目前，美國有一個跨黨派的共識，就是中國共產黨對美國的生存有威脅，表示要解決問題必須在中國發生政權改變。這樣一個簡單又快速得來的共識，會讓美國人和其他地方的人得到一個更安全的世界局勢嗎？還是我們正在走一條路，帶著我們走向武器競賽、危機，或甚至戰爭？」[44]

- 威廉‧麥克雷文（William H. McRaven）：美中應該異中求同並保持對話

扎卡利亞於2023年4月2日所主持的CNN節目中，曾經訪問前美國特種作戰指揮官威廉‧麥克雷文。麥氏是退

44　見：Zakaria, Fareed, 2023，https://www.washingtonpost.com/opinions/2023/03/02/china-hearings-bipartisan-hysteria/。

役美國海軍上將，出身於海豹特種部隊，且在聯合特種作戰司令部司令任上，於2011年5月領導實施了刺殺賓拉登的海神之矛行動。他畢業於德克薩斯大學奧斯汀分校，現任該校總系統校監。

麥克雷文在節目中，回答主持人有關美中關係的時候說：「我不認為中國會在近期內入侵台灣。中國有很多本身的問題，且把注意力放在經濟。中國在強化其武力，但不足以進行兩棲登陸，如果美國介入的話。」他說，美國可以防止入侵，但是代價非常非常大。最重要的事實是，「我們美國不希望和中國開戰，中國也不希望和美國開戰。」

他認為，美國應該和中國異中求同，在某些領域合作，例如貿易，例如氣候變遷。美國不應在南海和中國發生衝突，讓對抗情勢升溫。要防止這樣的演變，就是要建立一個對話。要確認雙方有某些共同的基礎；萬一發生意外事件，也可以通過對話而尋求快速降溫。[45]

45　https://transcripts.cnn.com/show/fzgps/date/2023-04-02/segment/01。

4. 布魯金斯研究院（Brookings Institution）民調：台灣人害怕被捲入美中對抗

布魯金斯研究院是華府的重要智庫之一，最近做了一系列有關台美關係分析，其中有一篇值得深讀。

這篇文章把美中台關係中的美國比喻為「恩庇主」（patron），台灣為侍從者（client），雙方面對共同的對手就是中共。在這種關係下，理論上，恩庇主最怕的就是被侍從者拖下水（entrapment），例如台灣宣布獨立，把美國拖下水；而侍從者最怕的就是被遺棄（abandonment），例如美國因為顧及美中其他共同利益而放棄台灣。但在裴洛西訪台後，情勢出現了變化，台灣開始有人擔心被美國拖下水，也就是擔心美中相爭而把台灣捲入戰爭。[46]

事實上，這個基金會在裴洛西訪台後，在台灣做了兩波民調。第一次是在2022年8月，第二次在2023年1月；第二次是前一次民調同樣本的追蹤調查。這兩波民調基本

---

46 原文為：「Typically, it is the patron that worries about entrapment by its client, while the client worries about abandonment by the patron. But our surveys suggest that a considerable portion of Taiwanese voters worry about entrapment by the United States.」舉例說明係依照前後文的文意而加入。見：Johnston, Alastair I., Chia-hung Tsai, and George Yin, 2023。

上均顯示，裴洛西訪台後的中共軍演，被大多數台灣民眾認為是對台灣安全的重大威脅；而共有六成二的受訪者認為裴洛西的來訪使得台灣更不安全，相對地，只有三成的受訪者認為讓台灣更安全，不到一成的人認為不變。這篇文章指出，侍從者可能不歡迎來自恩庇主的支持作為：如果這些作為達到挑釁（provocative）的程度，反而增加侍從者的危險。[47]

五、台灣對美國的遊說是否應該改變策略？

布魯金斯研究院的文章應該已經給台灣人民一個敲醒的聲音。台灣朝野都不能把「美國」再看成一個單一體。從1949年開始，美國的立場就相當程度地形塑了台灣在國際關係中的屬性，一直到今天也不例外。如果台灣人民想要避戰，讓美國維持「雙重阻卻」和「戰略模糊」，對全體人民最有利。

---

47 這個民調也發現，不同政黨的支持者，在看法上有很大的不同。支持國民黨的民眾中，高達八成四認為該次訪問讓台灣更不安全，獨立選民中有接近七成也認為如此，但民進黨的支持者中，認為訪問讓台灣更安全的有五成八，而認為讓台灣更不安全的只有三成二。

絕大多數台灣人民希望維持現狀；台灣朝野及各界，如何安排對美國的遊說，讓美國主張用「雙重阻卻」來維持現狀的聲音，保持音量，進而對美國民眾、美國政府產生影響，應該是保障台海和平的重點。如果台灣政治人物一味拉攏美國鷹派，讓美國有更多的機會放棄上述政策，改採主動挑釁，讓台灣捲入戰爭，將與多數人民所期待的維持現狀相違背。

第三章
對外運輸中斷對台灣生產與就業的衝擊

台灣具有科技能量，只要不戰爭，半導體會一直領先下去。

——施振榮[1]

1　發表於余紀忠基金會「AI浪潮衝擊，政策、產業、社會發展」研討會，https://www.chinatimes.com/newspapers/20230516000419-260110?chdtv。 見吳靜君，2023。

台灣需要採取一些專家所說的「豪豬戰略」(Porcupine Strategy)，這意味著台灣必須讓其難以被奪取和控制。不對稱防禦意味著取得大量的小型和廉價武器……使後備軍人以及潛在的領土防衛力量，在中國解放軍真正抵達台灣時，能發動一場長期的軍事行動來抵抗……在這種情況下，平民百姓確實必須被動員起來，進行全社會的遊擊式反擊，以阻止中國解放軍前進。當然，這也是烏克蘭為台灣所展示的一個例子，那就是一支由平民組成的領土防衛勢力可以拿起步槍並有所作為。

——葛來儀[2]

2　葛來儀（Bonnie Glaser）於2022年3月14日接受德國之音中文網訪問時表示，見：德國之聲中文網，2022，「專訪葛來儀：台灣應貫徹不對稱作戰」。葛氏曾任美國國務院、國防部顧問，華府戰略與國際研究中心（CSIS）顧問，現任華府智庫「德國馬歇爾基金會」亞洲計畫主任。

台灣為小型開放經濟，本身欠缺原料和具規模的市場，進出口是成長的主要動力，過去四百年來均是如此。早期是鹿皮、樟腦，到日本殖民統治時代，則是茶葉、稻米與糖；到了戰後，1950年代出現大量民生消費品的進口，當時的工業發展政策就是扶植國內產業藉由進口原料，自行製造民生消費品，俗稱「第一階段進口替代」。

　　到了1960年代，政策改成鼓勵出口，也就是原來用來替代進口品的國產民生消費品，包含成衣、塑膠製品、非金屬與金屬製品、小型電子產品等，除了供應國內市場，也開始出口。出口的量做出來以後，跟著上來的就是進口，因為生產這些製品的機器設備、原料和零組件，都靠進口。

　　後來進口的量夠大，就開始鼓勵自己生產，事實上，這也是當年蔣經國「十大基礎建設」的主要內容之一，包含設立中鋼、開發中油仁大（即仁武、大社）石化工業區和林園石化工業區等，這被稱為「第二階段進口替代」，也就是用國產原物料產品替代進口品。但即使在這個階段，生產這些原物料產品仍然需要進口更上游的產品，而且接著本身也可能開始出口，所以進口比以前更大。

　　時至今日，台灣已經密切嵌入東亞和全球供應鏈，主

要的出口和進口都是中間產品,例如半導體的出口,這是台灣經濟的主軸。如果貿易遭到干擾,對於台灣經濟而言,其效果空前嚴重。經過西元2000到2020年的密集全球化期間,世界上大多數地方的貿易依存度均增加,台灣尤其如此,現在如果因為台海發生戰事而打斷這些關係,台灣經濟將回復到一個不可想像的過去。

本章不打算對於以上所說的實際開戰層面作分析,而將篇幅限縮在戰爭前置或期中階段,發生海空運輸中斷時,對經濟的效果。而且分析的假設是中斷不會是長期,而是短期,所以對經濟的影響是「暫時打斷」,而非「長久中斷」。暫時打斷,生產行為也會受到影響,但如果長期中斷,基本上任何剛性依靠外來原料和零組件的生產都無法再繼續。

一、進口中斷對台灣生產和就業的影響

即使只是運輸的短期中斷,其本身也可能有不同種的類型,如:

1. 全部中斷:所有對外空運、海運中斷

2. 進口中斷：

   - 部分例外：除民生基本物資如糧食、能源、藥品外，其他無法進口。
   - 軍工產業中斷：與軍工生產業有較密切上下游關係的，如化工原料、金屬、機械、電腦及電子通訊產品、運輸工具等不能進口，其他可以。
   - 其他精細例外：民生基本物資如糧食、能源、藥品外，其他分產業、購買主或其他細分專案，亦予准許進口。

3. 出口中斷：

   - 全部中斷。
   - 部分中斷：對全球供應鏈有重大影響的產品例如半導體等不中斷，其他中斷。

　　我們此地只研析全面運輸中斷的可能效果，不對其他中間類型的細部類別再作分析。此外，我們只計算進口中間產品受阻的衝擊。中間產品就是原料或零組件，這是直接影響到生產行為的變數。生產行為一旦受到影響，物品和服務的供應就會短缺，於是消費和投資也會被波及。

而且，台灣的主要進口內容就是中間產品。我們將先看那些產業的生產過程中，需要用到最多的進口品。我們所使用的資料，是民國105年主計處產業關聯報告中的163商品別資料。這是目前為止最新的資料，雖然已經有一段時日，各產業對進口中間原料和零組件的依賴，短期內不會發生重大的改變，還是可以參考。

　　我們先收集這163個商品，其個別生產過程中，所需使用的進口中間原料，然後計算出這些中間原料占其所使用總中間原料的比率。大多數的服務業和部分基本建設業（如自來水、污染防制等）扣除後，依照其依賴進口中間產品的比率，列出以下表3.1.1-3.1.6。

　　表3.1.1是中間產品使用比率最高的，依次從92.3%，到50%。第一名是電腦業，所使用進口中間投入高達九成二，其次是電池業，高達九成。再其次是煉油等石化原料製造業、（水上）航運、電腦週邊設備製造、沙拉油等、被動電子元件、成衣、麵粉、發電、產業用機械安裝及修配、皮革、通訊設備如手機、飼料、基本化學材料和燃氣供應（例如大台北瓦斯）。如果進口全面中斷，這些行業的生產沒有進口原料，將只能使用存貨，等存貨用盡，就必須減產，所以其價格將飛漲。

當然，這些行業也會試圖用國產品替代進口品。這面臨兩個問題，一是國產品的產能在短期無法快速擴張，所以在一開始只能採用「配給」制，只供應給原來的廠商；其後再慢慢擴充，而且要假設這些國產品本身所需的進口中間品很少，較不受影響，才可能擴充，否則他們不但不能擴充，可能還要減產。第二個問題，是可能沒有國產品可以替代，對於所購買產品主要是基礎原物料的產業而言，例如煉油、石化業、麵粉、發電、燃氣供應均是如此。

表3.1.2是生產過程中，所使用進口中間產品的比重，達到一半和四成之間的產品。依序為糖、電線、木材、鋼鐵以外基本金屬、玻璃及其製品、量測設備及鐘錶、農藥、肥料、雜項電力設備（如電容器、電阻器、整流器等）、光電材料及元件、水產加工、石化原料、粗鋼及生鐵、塗料、資料儲存媒體、原油及天然氣礦產、合板及組合木材。這裡面大多數的產業，其所需的進口原料，國內並無生產，無法替代。

其他各表，從3.1.3到3.1.6，分別是進口中間原料占比為四成到三成、三成到二成三、二成三到一成，以及一成以下的產業。由這些表可以看出，國內供應自足能力最

強的就是稻米。豬肉雖然絕大多數為自產，但餵豬的飼料屬於使用進口原料超過五成的行業，所以豬肉的供應也將出問題。

　　以上各表所顯示的涵義，就是這樣的事最好不要發生在台灣，否則不堪設想。而且，供應不足，價格飛漲、需求者開始搶貨及囤貨將只是第一波。每個生產者在減少生產額後，均將面臨附加價值同比率減少的困境。附加價值中占比最大的是勞動和資本報酬；如果廠商挺得下去，不裁員，其資本報酬將承受所有的衝擊；中小企業挺不下去的，就開裁員。各行各業的附加價值加起來，就是國內生產毛額（GDP）。GDP下降之後，連帶將導致民間消費和投資下降，即使出口維持不變，也將使得最終需求下降，於是將透過產業關聯效果，引發第二波的生產衝擊。

　　再者，進口受阻也會讓國內的最終需求，包含消費和投資受到影響。在消費方面，能源、稻米以外糧食、肉品、醫藥、家電、汽車等，因為會需要進口或生產過程中需要進口原料，而會發生供給上的不足；在投資方面，影響也會很大，機器設備和其維修及零件，許多必須中斷；具體數據此地略而不表。

表3.1.1　中間產品進口比率由高至低：99% ～ 50%

產業	電腦	電池	焦炭及其他煤製品	石油煉製品	水上運輸	電腦周邊設備	動植物油脂	被動電子元件	成衣	製麵米粉	電力及蒸氣
進口中間投入比%	92.3	90.3	87.5	80.8	77.2	75.8	70.4	66.2	63.3	62.4	60.9
生產額占全體比%	34.1	2.8	1.2	19.5	5.1	6.4	1.0	2.8	3.5	0.9	18.6

產業	產業用機械設備修配及安裝	皮革	未分類其他運輸工具及其零件	其他人造纖維	未分類其他化學製品	通訊傳播設備	其他電子零組件	動物飼品	基本化學材料	燃氣
進口中間投入比%	58.1	58.1	57.9	57.7	56.6	54.9	54.2	54.2	53.0	50.2
生產額占全體比%	4.0	0.4	1.2	0.2	4.7	8.4	10.7	2.0	4.6	2.3

資料來源：105年主計處產業關聯報告。

表3.1.2　中間產品進口比率由高至低：50% ～ 40%

產業	糖	電線及配線器材	菸草	製材	其他基本金屬	玻璃及其製品	量測、導航、控制設備及鐘錶	農藥及環境用藥	肥料及氮化合物
進口中間投入比%	50.0	49.5	49.5	49.3	49.1	48.8	46.3	46.1	44.7
生產額占全體比%	0.3	4.0	1.4	0.2	4.9	3.4	5.0	0.4	0.6

產業	其他電力設備及配備	光電材料及元件	水產加工及保藏品	石油化工原料	生鐵及粗鋼	塗料、染料及顏料	資料儲存媒體	原油及天然氣礦產	合板及組合木材
進口中間投入比%	44.4	44.1	43.9	41.5	41.4	41.2	40.6	40.4	40.2
生產額占全體比%	2.3	26.5	0.6	24.4	7.5	1.9	0.4	0.1	0.5

資料來源：105年主計處產業關聯報告。

表3.1.3　中間產品進口比率由高至低：40% ～ 30%

產業	半導體	其他專用機械設備	鋁	船舶及浮動設施	清潔用品及化妝品	其他木竹製品	其他紙製品	印刷電路板	家用電器
進口中間投入比%	39.7	39.5	39.0	38.0	37.2	35.8	35.5	34.5	34.1
生產額占全體比%	62.3	7.8	3.1	1.0	1.7	0.6	4.1	9.3	2.2

產業	漁產品	橡膠製品	不織布	輻射及電子醫學設備、光學儀器	通用機械設備	棉、毛、絲麻紡紗及織布	汽車及其零件	未分類其他製品	視聽電子產品
進口中間投入比%	34.0	33.5	32.7	31.7	31.5	31.3	30.7	30.3	30.3
生產額占全體比%	2.4	3.0	0.5	3.0	11.5	1.4	13.2	3.3	0.8

資料來源：105 年主計處產業關聯報告。

表3.1.4　中間產品進口比率由高至低：30% ～ 23%

產業	印染整理	陶瓷製品	非金屬家具	其他非金屬礦物製品	自行車及其零件	紙漿、紙及紙板	發電、輸電及配電機械	其他皮革製品
進口中間投入比%	29.6	29.2	29.0	28.2	28.1	27.9	27.3	27.0
生產額占全體比%	1.0	0.1	0.9	2.6	4.1	1.8	3.1	0.2

產業	金屬加工用機械設備	塑膠製品	水泥	砂、石及其他礦產品	鋼鐵初級製品	合成橡膠原料	金屬容器	
進口中間投入比%	25.9	25.9	25.8	23.9	23.7	23.6	23.2	
生產額占全體比%	5.8	12.3	1.0	1.0	23.8	1.1	1.4	

資料來源：105年主計處產業關聯報告。

表3.1.5　中間產品進口比率由高至低：23% ～ 10%

產業	金屬加工	塑膠原料	照明設備及配備	藥品及醫用化學製品	調味品	育樂用品	酒精飲料	乳品	烘焙炊蒸食品、巧克力及糖果	其他紡織品	蔬果加工及保藏品	其他金屬製品
進口中間投入比%	23.0	22.9	22.8	22.7	22.6	22.2	19.6	18.6	17.5	17.3	16.5	16.4
生產額占全體比%	2.9	15.2	0.9	2.4	0.7	2.5	1.3	1.0	2.1	1.9	0.8	9.9

產業	鞋類製品	肉類其他加工及保藏品	非酒精飲料	金屬刀具、手工具及模具	水果	其他食品	蔬菜	其他畜牧產品	其他農作物	雜糧	金屬家具	機車及其零件
進口中間投入比%	16.3	14.8	14.7	13.4	13.2	11.8	11.1	10.6	10.6	10.5	10.4	10.2
生產額占全體比%	0.5	1.9	1.4	7.1	2.8	3.2	2.5	2.6	1.2	0.3	1.4	3.2

資料來源：105年主計處產業關聯報告。

表3.1.6　中間產品進口比率由高至低：10% ～ 0%

產業	服飾品	金屬結構及建築組件	水泥製品	豬	針織布	合成纖維原料
進口中間投入比%	9.7	9.4	9.4	8.8	8.8	8.8
生產額占全體比%	0.4	4.0	2.2	2.4	2.2	2.4
產業	特用作物	人造纖維紡紗及織布	稻作	米	林產品	屠宰生肉
進口中間投入比%	8.6	8.3	4.2	2.7	2.4	0.2
生產額占全體比%	0.4	3.9	1.0	1.4	0.0	3.1

資料來源：105年主計處產業關聯報告。

二、出口中斷對台灣產業和就業的影響

　　出口的中斷不一定會發生，但不能排除。這次俄烏戰爭，部分西方國家禁止從俄羅斯進口特定產品，例如能源產品，其主要目的在於不讓俄羅斯賺得外匯，進而可以用

其來進口物資，包含作戰所需物資。但是台灣的情況不同，台灣在國外（主要是美國）有鉅額外匯存底，沒有外匯不夠的問題，所以這樣做的意義不大。不過，從另一個角度看，台灣是海島，重點在於運輸，如果海空運輸因為台海戰爭而受阻，那有鉅額外匯存底可以用也無法用以進口產品，同樣地也無法運出出口品。

出口變動屬於最終需求變動的一種，經由最終需求的變動，可計算出當出口受阻時，國內各行各業所受到的衝擊。

1. 向後關聯效果

我們所用的方法，就是使用「國內關聯效果」，來計算各行各業出口受阻時，所發生的「向後關聯效果」（backward linkage effects）。以食品為例，當食品的最終需求下降時，會導致食品業的生產下降，從而造成食品業減少其所使用購自各行各業的原料，於是這些原料產業的產量下降。再下一波，這些原料產業本身也會減少他們所使用原料的數量，那又引發一波新的減產。如此一波接著一波，最後達到均衡時才停止，這樣計算出來的總和效果，稱為「產業關聯效果」。不過，在戰爭時期，假設出口受阻，可以想像的，進口也會受阻，所以我們在考慮關聯效

果時，是採用「國產品投入係數」，所產生的效果，也就是只考慮使用國產中間產品的部分，略過進口的部分。

此地我們使用63個部門的產業關聯表，所得到的結果，如表3.2.1到3.2.3所示。為了看得清楚，我們不依大小排列，而是按照主計處的行業分類，從農產品開始，到民生製造業與化工製造業（表3.2.1），到其他製造業、基本建設業與運輸倉儲業（表3.2.2），再到其他服務業（表3.2.3）。[3]

從表中可以看出，出口占最終需求較大的產業，受到出口中斷的衝擊將最大，而且其規模十分驚人。例如表3.2.2的電子零組件業，占GDP的比重約一成一，由於出口密集度高，如果出口受阻，其生產額下降的幅度將達到百分之百，也就是消失。其他受影響巨大的，還有表3.2.1的化學材料業，將萎縮九成一；表3.2.2的電腦、電子產品及光學製品，將萎縮九成七；同表的水上運輸，將萎縮九成六；還有表3.2.3的住宿業，將萎縮九成一。

3　在計算過程中，曾經做一個微小的調整（3%以內），就是讓出口下降對產業生產額最大的效果不超過100%。

表3.2.1　出口中斷後對各業生產總額的衝擊：農業與民生、
　　　　化工製造業

編號	產品	國內生產總額占比 %	出口占最終需求比 %	國內生產總額變動 %
01	農產品	0.9	3.2	-10.1
02	畜牧產品	0.5	0.4	-15.0
03	林產品	0.0	51.3	-60.7
04	漁產品	0.2	25.6	-27.3
05	礦產品	0.1	58.8	-82.0
06	食品及飼品	1.9	9.8	-18.3
07	飲料及菸草	0.4	13.4	-14.4
08	紡織品	1.1	54.5	-86.5
09	成衣及服飾品	0.4	68.8	-68.0
10	皮革、毛皮及其製品	0.1	51.1	-56.4
11	木竹製品	0.1	8.7	-27.3
12	紙漿、紙及紙製品	0.6	19.5	-49.8
13	印刷及資料儲存媒體複製	0.3	4.2	-29.6
14	石油及煤製品	2.1	41.1	-69.7

編號	產品	國內生產總額占比 %	出口占最終需求比 %	國內生產總額變動 %
15	化學材料	4.9	43.0	-90.9
16	其他化學製品	0.9	42.4	-71.8
17	藥品及醫用化學製品	0.2	32.9	-35.2
18	橡膠製品	0.3	49.1	-76.2
19	塑膠製品	1.2	42.9	-71.8
20	非金屬礦物製品	0.9	17.9	-46.1

資料來源：作者計算。

表3.2.2　出口中斷後對各業生產總額的衝擊：其他製造業、基本建設與運輸倉儲

編號	產品	國內生產總額占比 %	出口占最終需求比 %	國內生產總額變動 %
21	基本金屬	3.9	27.5	-73.0
22	金屬製品	2.5	40.2	-63.2
23	電子零組件	11.2	76.9	-100.0
24	電腦、電子產品及光學製品	5.8	97.4	-97.1
25	電力設備及配備	1.5	51.5	-66.0

編號	產品	國內生產總額占比 %	出口占最終需求比 %	國內生產總額變動 %
26	機械設備	2.5	60.2	-68.9
27	汽車及其零件	1.3	38.0	-48.3
28	其他運輸工具及其零件	1.0	53.1	-69.9
29	家具	0.2	60.1	-61.9
30	其他製品	1.0	49.0	-69.8
31	電力及蒸汽	1.9	0.0	-50.4
32	燃氣	0.2	0.1	-34.4
33	自來水	0.1	0.1	-38.9
34	污染整治	0.4	1.3	-39.7
35	營建工程	3.9	0.0	-4.5
36	批發	7.9	31.6	-49.9
37	零售	4.0	2.7	-13.4
38	陸上運輸	1.1	17.9	-36.7
39	水上運輸	0.5	92.3	-95.6
40	航空運輸	0.8	50.9	-51.2
41	運輸輔助及倉儲	0.6	23.7	-60.4
42	郵政及快遞	0.2	7.9	-26.2

資料來源：作者計算。

表 3.2.3　出口中斷後對各業生產總額的衝擊：其他服務業

編號	產品	國內生產總額占比 %	出口占最終需求比 %	國內生產總額變動 %
43	住宿	0.2	88.3	-90.9
44	餐飲	2.3	11.3	-16.7
45	出版、影音製作及傳播	0.6	17.1	-31.8
46	電信	1.1	4.6	-15.4
47	電腦相關及資訊服務	1.1	15.9	-26.0
48	金融服務	2.1	9.1	-31.0
49	保險	1.6	5.2	-9.9
50	證券期貨及金融輔助	0.6	6.0	-18.6
51	不動產	1.7	0.1	-21.0
52	住宅服務	3.5	0.6	-0.6
53	專業、科學及技術服務	3.4	12.5	-23.9
54	租賃	0.4	34.2	-53.8
55	其他支援服務	0.9	1.0	-34.3
56	公共行政及國防；強制性社會安全	4.0	0.4	-3.1
57	教育	2.3	0.1	-0.7

編號	產品	國內生產總額占比 %	出口占最終需求比 %	國內生產總額變動 %
58	醫療保健	1.7	0.1	-0.1
59	社會工作服務	0.1	0.1	-0.1
60	藝術、娛樂及休閒服務	0.6	14.9	-20.2
61	人民團體及其他社會服務	0.3	0.1	-3.9
62	家事服務	0.3	0.4	-0.4
63	未分類其他服務	1.4	0.9	-12.4

資料來源：作者計算。

　　以上是生產，但如前所述，生產減少後，附加價值（又稱原始投入）也會同比減少。有的企業，尤其是大型企業，可能會選擇不裁員，挺下去，但多數企業會用類似的比率，裁減員工，以維持其生存。拖得愈久，對員工愈不利：大多數廠商無法長期忍受因減產導致的虧損。我們假定，員工會被減薪或裁員，廠商薪資給付總額會下降，而且就全部行業的平均而言，其幅度等於生產下降的幅度。經過計算，所得到的結果如表3.2.4所示。這個表用的就業數據，是最新的，也就是民國111年的平均數；但是

其薪資給付下降比率，則是用上述表Y1 ～ Y3的結果，經整併產業而來，所以有些產業以區間的方式表示。

由該表可以看出，目前國內就業集中之地在製造業，約占就業總數的二成六，其次是批發及零售，占一成六，再來是營建工程與住宿及餐飲業，各占接近一成。在這些行業中，薪資所得受到出口中斷的衝擊都很大：製造業方面，衝擊依不同產品，可以從下降一成四到百分之百；批發零售業受到的衝擊是一成三到一半；住宿餐飲業受到衝擊為一成七到九成一。營建工程受到的影響較小，大約4.5%。總的來看，衝擊達到約一半，不可謂不大。

表3.2.4　引伸效果：對薪資給付影響的模擬分析

行業	就業人數〔111年；千人〕	占比 %	下降幅度 %
農、林、漁、牧業	530	4.6	10.1-27.3
礦業及土石採取業	3	0.0	82.0
製造業	3,012	26.4	14.4-100.0
電力及燃氣供應業	33	0.3	34.4-50.4
用水供應及污染整治業	84	0.7	38.9-39.7
營建工程業	910	8.0	4.5

行業	就業人數(111年;千人)	占比 %	下降幅度 %
批發及零售業	1,850	16.2	13.4-49.9
運輸及倉儲業	475	4.2	26.2-95.6
住宿及餐飲業	843	7.4	16.7-90.9
出版、影音製作、傳播及資通訊服務業	270	2.4	15.4-31.8
金融及保險業	430	3.8	9.9-31.0
不動產業	104	0.9	0.6-21.0
專業、科學及技術服務業	390	3.4	23.9
支援服務業	295	2.6	34.3-53.8
公共行政及國防;強制性社會安全	373	3.3	3.1
教育業	638	5.6	0.7
醫療保健及社會工作服務業	505	4.4	0.1
藝術、娛樂及休閒服務業	114	1.0	20.2
其他服務業	559	4.9	0.4-12.4
總計	11,418	100.0	48.6

資料來源：作者計算。

2. 能否部分開放出口？

當然，以上是假設出口全部中斷。如果中斷不是全部，部分產品如半導體開放出口，那結果會有所不同。不過，單獨開放某一種或某幾種產品出口的安排，不但本身不容易執行，而且還牽涉到進口，管制機制非常複雜。例如，開放半導體出口，那勢必要開放這個行業所使用的中間原料進口，也要開放這個行業所使用國產中間原料商進口其中間原料……等，所以是一個連鎖反應。以台積電為例，其使用的主要中間材料供應商包含[4]：

(1) 矽晶圓：台塑勝高、環球晶（台灣）、日本信越半導體、德國世創電子材料、韓國SK、日本勝高。

(2) 製程用化學原料：法國液化空氣集團、德國巴斯夫、美國杜邦公司、美國英特格公司、日本富士電子材料、日本關東鑫林科技、台灣廣明實業、德國默克集團、日本RASA工業、台灣勝一化工、日本德山株式會社、華立企業（台灣）。

4　台積電2021年報。

(3) 黃光製程材料：美國明尼蘇達礦業及製造公司、日本富士電子材料、日本JSR株式會社、日本日產化學株式會社、日本信越化學工業株式會社、日本住友化學株式會社、日本東京應化工業株式會社。

(4) 特殊氣體：法國液化空氣集團、美國空氣化工、日本中央玻璃株式會社、美國英特格公司、聯華林德氣體公司（台灣和德國合資）、美國普萊克斯工業氣體公司、韓國SK材料、茂泰利科技（日本Japan Material Group在台灣子公司）、日本大陽日酸株式會社。

(5) 研磨材料：美國明尼蘇達礦業及製造公司、日本AGC株式會社、美國嘉柏微電子材料公司、美國杜邦公司、日本愛媛株式會社、日本富士電子材料、日本Fujimi株式會社。

　　台積電的供應鏈包含以上各原材料供應商，以及沒有列出的設備商（如荷蘭艾司摩爾光刻機），還有IC（積體電路）與IP（矽智財）設計，下游的行業如IC的封裝、測試和模組，是一個複雜的嵌入式全球化系統。要如何處

理，才能在戰亂之下，維持這個系統繼續運作？難上加難。

三、瀕臨戰爭對台灣經濟的影響

經濟行為的本源是「心理」，主導了消費、生產和投資。對於經濟而言，不要說發生熱戰，即使只有戰爭的先期訊號出來，經濟也會遭到極大的衝擊：資本會立刻移動，外資開始撤出股市，國人開始將資金換成美元並移到海外，股市和匯市將立刻大跌。國安基金可以進場對股市護盤，但是中央銀行的外匯存底，將因外資及本國人資金的外流，而快速減少，否則就必須聽任台幣匯率大跌，讓國人的信心更受到負面影響。

而這還只是「訊號出現」階段而已，後面的發展，包含國家風險評等的降低、兵險保費的提高、外國撤僑⋯⋯等，將繼續發生衝擊。在這種情況下，廠商投資會暫停，連帶地新雇用員工也可能會暫停。再來，如果真正發生熱戰，如同現任國防部邱部長所說，應儘量避免戰爭，「一旦開打真的很慘」，因為已經沒有前方、後方之分。[5]也就是全台灣，包含東、西、南、北，都可能成為劇烈的

游擊戰場，一如章頭美國專家葛來儀的引言。那時，不再是經濟有沒有受影響、下降幅度多少的問題，而是人民個人能否存活的問題。實際情況，看俄烏戰爭的狀況就十分清楚，但台灣和烏克蘭還有一個不同：烏克蘭可以經過陸路，得到源源不斷生活和軍事用品的補給，台灣則必須依靠海空運輸。

相信絕大多數台灣百姓，都不希望看到這天的到來。但是這樣的集體願望能不能實現，還要看很多因素的交錯效果，包含國際情勢、台灣政局、兩岸互動；當然還需要一個最關鍵的元素，就是人民覺醒。

5　參見中央社，2023，「強調避戰 邱國正：台海戰場已無前後方 一旦開打真的很慘」，https://udn.com/news/story/10930/7189305。

第四章

經濟脫鉤對中國大陸與
美國的可能影響

從現在到2050年，全世界將出現20億的貧窮人口，還有與此相關的飢餓、難民、恐怖主義、氣候變遷災害……等問題；目前全世界最大的兩個經濟體，美國和中國大陸，加起來大約占全球GDP的42%，到了2050年，可能占的比率為五成到六成。在這種狀況下，美中兩國非要彼此對抗、拼個你死我活，置全球的未來於不顧？

——約翰・桑頓（John Thornton），2023[1]

1　前高盛（Goldman Sachs）集團總裁，見：Thornton，2023，https://www.youtube.com/watch?v=kgUX82Vh_8I。

一、金融抵制

2014年俄羅斯入侵克里米亞半島後，包含美國在內的西方國家陸續對於該國進行了經濟制裁，但程度沒有大到嚴重影響俄羅斯的經濟。2022年俄羅斯大規模入侵烏克蘭，西方國家發動了新一波的制裁，其中有顯而易見效果的是金融制裁。

首先，美國、歐盟、英國和加拿大宣布凍結俄羅斯政府在這些國家的存底，依據估計，此舉凍結了俄羅斯六千億美元外匯存底中約六成，就是三千五百億美元。[2]後來輿論界有人呼籲應該將這筆被凍結的金額用於未來烏克蘭的重建，但沒有定論。

再者，歐盟國家開始將俄羅斯的多家銀行列入國際支付系統「環球銀行金融電信協會」（Society for Worldwide Interbank Financial Telecommunication，簡稱SWIFT）[3]的黑名單。這個1973年建立、總部在比利時的組織，有全球200多國的一萬一千多家銀行參與，其主要功能在於確

2　參見BBC，2023，https://www.bbc.com/news/world-europe-60125659。
3　SWIFT的會員包含兩千多家銀行和金融機構；由比利時的中央銀行監管，但會與其他中央銀行協商、配合，包含美國和英國。

保跨境匯款的順利進行，是全球最主要的金融收付通知系統：匯出銀行透過這個系統通知收款銀行，後者則透過這個系統通知款項的抵達；它平均每天處理四千萬以上這樣的收付通知。

被逐出這個系統的俄羅斯銀行，在處理跨境匯款時會遭遇到阻礙，對於俄羅斯的進口和出口會造成立即的不便。俄羅斯在入侵克里米亞時，就有將其銀行逐出此系統的提議，後來沒有實施，但該國為了預防此事，自行建立了跨國匯款系統，稱為「金融信息傳輸系統」（Financial Message Transfer System, 簡稱SPFS）；依據來自俄羅斯的訊息，在SWIFT實施制裁後，有12個國家的52個外國組織加入了這個系統。[4]這個系統讓沒有參加對俄貿易制裁的國家，有機會找到替代道路。

中國大陸方面，其中央銀行（中國人民銀行）在2015年也創辦了「人民幣跨境支付系統」（Cross-Border Interbank Payment System，簡稱CIPS），總部設在上海。[5]依據該系統的訊息，2022年交易筆數達到了440萬筆，交

4　參見國貿局，2022，https://www.trade.gov.tw/Pages/Detail.aspx?nodeID=45&pid=741123。

5　參見張興華，2015，https://www.gov.cn/xinwen/2015-10/08/content_2943303.htm。

易額金額96.7兆元人民幣。截至2023年7月末，CIPS系統共有參與者1452家，其中直接參與者89家，間接參與者1363家。

有人說，自從俄羅斯被逐出SWIFT後，CIPS的人民幣結算系統成為最大的贏家，因為有許多俄羅斯的貿易改用人民幣結算。[6]不過，如同前中國人民銀行行長周小川公開指出，現階段CIPS難以取代SWIFT。[7]

從以上俄烏戰爭的現例看來，如果台海發生軍事衝突，美國及其盟友有可能對中國大陸發動金融制裁，包含凍結大陸的外匯存底，以及將大陸的金融機構列入SWIFT的黑名單。

中國7月底外匯存底呈現增長局面。中國人民銀行在網站上發布的官方儲備資產報表顯示，7月底外匯存底3.2043兆美元。[8]其中最大的幣別是美元，大約占七成，而美元中最大的項目是美國政府公債。不過，由圖4.1.1可

6　參見Cho，2022，https://www.electronicpaymentsinternational.com/comment/china-cips-russia-exclusion-swift/。

7　他的意思是，即使配合數位人民幣的發行，也難取代，參見：https://ctee.com.tw/news/china/629435.html。

8　參見財經M平方，2023，https://www.macromicro.me/collections/31/cn-finance-relative/936/china-foreign-exchange-reserves。

以看出，從2014年以來，中國大陸的持有美國公債金額在逐漸下降中；最新資料顯示[9]，中國大陸作為僅次日本的第二大美債海外持有國，其2023年5月底的美債總持倉為8467億美元，相比4月的8689億美元下滑222億美元，創下2010年5月以來新低。[10]

由於中國大陸是貿易大國，這些金融制裁措施如果實施，對於中國大陸及其所有貿易和投資夥伴，都會產生巨

圖4.1.1　中國大陸持有美國公債金額（單位：10億美元）

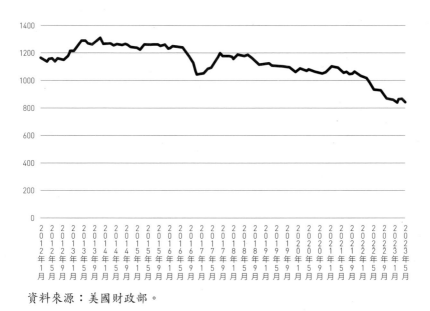

資料來源：美國財政部。

大和立即的影響。如果外匯存底的一部分或大部分被凍結，人民幣可能會貶值，連帶地也會使得人民幣支付系統受到影響；這應該不是中國大陸或世界其他國家的人民或廠商所樂見的。

二、美國對外貿易管制

美國對世界各國本就有出口管制，而且其權責分散在不同部門；有些出口需要向不同的部門分別申請出口許可，十分麻煩。大體上國務院管軍火出口[11]，財政部管與貿易措施相關的出口管制，商務部則管基於其他各種或相

9　參見朱斐青，2023，https://www.storm.mg/lifestyle/4835720；美國財政部曾經在2009-2011年間數度微調定義。

10　不過，這個下降趨勢和美元在全球外匯存底中的比率一致：從1999年歐元推出後，美元所占比率已經從71%降到59％。參見Bertaut-Beschwitz-Curcuru，2023，https://www.federalreserve.gov/econres/notes/feds-notes/the-international-role-of-the-us-dollar-post-covid-edition-20230623.html。

11　主管 International Traffic in Arms Regulations（ITAR）。另參見：「瓦聖納協定」（Wassenaar Arrangement），是一項包含美國在內由四十多個國家簽署，管制傳統武器及軍商兩用貨品的多邊出口控制機制。「瓦聖納協定」雖然帶有軍事性質，成員國保有自行決定實施出口管制的措施和方式，即所謂的「各國自行處理」原則。

似理由而做的出口管制。[12] 其中商務部主管者，就各國通用的管制機制而言，又可以分為八大理由：化學與生物武器（chemical and biological weapons）、禁止核擴散（nuclear non-proliferation）、國家安全（national security）、飛彈技術（missile technology）、地區安定（regional stability）、軍火協議（firearms convention）、犯罪防止（crime control）與反恐（anti-terrorism）；不同的國家適用不同的管制理由與項目。[13]

目前中國大陸在商務部的這些通用出口管制上，適用這八大理由中除軍火協議[14]及反恐以外的六項。依據商務部網站的說明，他們對於向中國大陸出口的一般限制，主要的考量是允許「民間廠商」所購，用來民用，而不涉及

---

12 參見：Bureau of International Security and Nonproliferation, U. S. Department of State, 2017。

13 出口管制條例（export administration regulations，簡稱EAR）是美國商務部的產業與安全局（Bureau of Industry and Security, 簡稱BIS）負責管理的政府法規，參見Bureau of Industry and Security , U. S. Department of Commerce, 2023, https://www.bis.doc.gov/index.php/regulations/export-administration-regulations-ear。此條例中的「商品管制清單」（Commerce Control List，簡稱CCL）則明列受管制的商品、技術和軟體；參見：https://www.ecfr.gov/current/title-15/subtitle-B/chapter-VII/subchapter-C/part-738 及 https://www.bis.doc.gov/index.php/documents/regulations-docs/2330-ccl0-to-9-10-24-18/file。亦可見湯偉洋等，2022，http://junhe.com/legal-updates/1701。

14 中共非瓦聖納協定簽約國，不過仍受美國軍火出口管制。參見：https://www.trade.gov/country-commercial-guides/china-us-export-controls。

軍用的產品。不過，商務部也可基於政策，不論軍用或民用，對於特定國家實施特定管制，例如從2022年10月開始的，對中國大陸擴大半導體相關產品、生產設備和軟體等的管制。[15]該部也可以發布實體清單，也就是廠商或自然人的一個名單，而要求賣給名單上任何個體的出口，凡是屬於出口管制品的，均需在申報上註明；而且依據實體清單說明，在絕大多數情況下不准。[16]依據最新的2023年4月公布的實體清單，數目龐大，共641頁，而其中中華人民共和國及香港境內的實體就占了約四成，大約600家。

雖然有這些管制，美國和中國大陸的貿易關係在新冠疫情後在逐漸恢復中：依據美方的資料，2022年美國對中的出口和從中國大陸的進口連續第三年成長。該年美國出口總額為1,538億美元，比前一年成長1.6%（24億美元）；美國從中國大陸的進口總額為5,368億美元，成長6.3%（318億美元）。該年美國對世界出口總額2.1兆美元中，

---

15 參見：https://www.federalregister.gov/documents/2022/10/13/2022-21658/implementation-of-additional-export-controls-certain-advanced-computing-and-semiconductor。

16 參見：https://www.bis.doc.gov/index.php/documents/regulations-docs/2326-supplement-no-4-to-part-744-entity-list-4/file。

有7.5%出口到中國大陸，美國進口總額3.2兆美元，則有16.5%從中國大陸進口，美國貿易逆差總額近三分之一來自中國大陸。

在美國對中出口方面，比重最大的是農產品，大約占二成三，而且是連續第四年成長；占美國整體農產品出口的一成八。這可能和川普政府時期和中國所簽訂的貿易協定有關，該協定對中國大陸進口美國各類產品有數量目標，其中農產品和能源是重中之重，見朱雲鵬、歐宜佩（2019）《中美貿易戰：一場沒有贏家的對決》；後來發生新冠疫情，很難追究其實施結果，但仍然可能成為中國大陸努力的方向。

機器和機械設備是第二重要出口品，大約占二成；但這是在連續四年成長之後，第一次出現衰退：比前一年下降一成四，從2021年的361億美元降至309億美元。居美國對中出口第三名的，是化學品與橡塑膠及皮革產品，占全部對中出口近兩成。第四名為礦產品，包含原油、礦產、石灰石與水泥，占對中出口近一成；第五名和第六名分別為交通工具和光學醫學及量測儀器，分別占對中出口的8.4%和7.1%。

值得注意的是，2022年，美國從中國大陸進口的最

大宗，是機器和機械設備，占了自中國大陸進口總額約四成六；進口金額為2491億美元，比前一年增加了3%，占美國此類產品總進口的26.8%。其他類別的進口，其占美國自中進口金額一成以上的，是雜項製造業產品（占一成三）、化學品與橡塑膠及皮革產品（一成二）與成衣紡織品（一成）；與機器和機械設備差了一大截。

三、美中貿易沒有硬脫鉤但「回流生產」、「近岸外包」、「友岸外包」使供應鏈開始轉移：去風險式的軟脫鉤

2022年，美國對中國大陸的1538億美元出口中，只有0.9%涉及美國商業部產業與安全局（BIS）出口管制條例。在0.9%中，有0.7%是獲得BIS許可證下出口，與美國出口到全球的類似比率0.4%相比，比較高。剩下的0.2%是根據出口管制條例的「例外」項目而出口的，而主要的例外項目是區塊鏈產品和服務，以及既有設備的更新與維修。

該年對於有形物品、軟體和技術（不包括賣給美國境內的中國大陸公民即所謂「視同出口」deemed export部

分），美國商業部產業與安全局（BIS）共審查了4,553份出口／再出口許可證申請[17]，而批准了其中的71.4%申請案。相對於全球的87.3%批准率而言，比較低，但沒有達到嚴格限制的界線。被批准的出口品（包含視同出口），最大項目是化學製造設備，其次是非用於電腦積體電路之技術。

但是除了這些行政措施以外，美中貿易已經開始出現「從質變產生量變」的跡象。美中貿易戰之前，2017年中國大陸占美國商品進口比為21.6%，到了今年前4個月，這個比率已經大幅降到13.3%，見圖4.3.1。對美國而言，希望供應鏈可以重組：「回流生產」（re-shoring，就是返回美國生產）、「近岸外包」（near-shoring，就是在美國鄰國如墨西哥生產）、或「友岸外包」（friend-shoring，也就是到美國友好國家生產）。美國許多跨國企業，主動呼應這些口號，不待政府的行政命令，就以品牌大廠的姿態，強迫旗下供應商轉移生產基地。這應該是中國大陸在美國進口市場中份額持續下滑的重要因素。

17　金額為2,048億美元，不過這只是事前申請，不代表當年實際出口。或許可的金額為1,136億美元。

圖 4.3.1　中國大陸在美國商品進口中所占比率

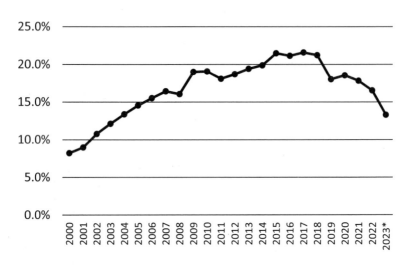

＊2023 年為 1 至 4 月。

來源：美國普查局。

　　在晶片方面，美國促使包含台積電在內的世界大廠到美國設廠製造，這就是「回美國生產」。品牌大廠轉移供應鏈之後，墨西哥所占美國進口比率從美中貿易戰前的 13.4% 增加到今年前 4 月的 15.4%，這就是「在美國附近生產」；美國進口中來自越南的比率從 2017 年的 2.0% 增加到今年前 4 月的 3.4%，來自印度的，從 2017 年的 2.1% 增加到今年前 4 月的 2.8%……等，就是「到美國友好國家生

產」。[18]

　　未來這個趨勢可能會持續。會到什麼地步很難說，但全球化的本質已經改變，「去全球化」和「建立本土供應鏈」的力量持續上升，恐怕將是無可避免的事實。[19]在沒有戰爭的狀態下，美中經濟不大可能硬脫鉤，但由於供應鏈的轉移，「軟脫鉤」的趨勢已然出現。從2023年以來，美國和西方國家多用「去風險」（de-risking）來描述這個關係，以與硬脫鉤（de-coupling）區別。[20]

四、美俄經濟的脫鉤：從俄烏戰爭後的貿易制裁來看

　　2022年發生的俄烏戰爭，導致俄國本身的經濟產生變化，除上述俄國美元資產被凍結外，還有陸續到位的各類

18　從泰國、新加坡和菲律賓的進口比率從2017年到2023年前4月也有顯著增加。

19　2023年前五月美國商品進口的資料顯示，墨西哥和加拿大已經超越中國大陸，成為美國最大的進口國。參見：https://www.census.gov/foreign-trade/Press-Release/current_press_release/index.html。

20　參見周天瑋，2023，https://www.chinatimes.com/newspapers/2023052300051 3-260109?chd tv。

制裁；和2021年相比，美俄貿易急劇下降。美國對俄出口從2021年的64億美元，下降到17億美元，只剩原來的約四分之一；而美國自俄進口，則從297億美元，下降到2022年的145億美元，大約腰斬。

俄羅斯本來就在通用的美國出口管制名單內；俄烏戰爭之後，美國對俄羅斯（和白俄羅斯）的出口，增加了以下各類管制，都需要事前許可：

- 能源探勘、生產、運送或相關產品之一：這屬於美國對俄羅斯和白俄羅斯的出口管制規章第765.5小節中的附件2，內容包含石油和天然氣管道用管線管、液體昇送器、氣體過濾或淨化機械和設備、鑽孔或沉沒機械、浮動或潛水鑽井或生產平台）、機動車零件和配件；輕型船隻、消防車、浮式起重機和其他以航行為主要功能的船隻；浮動碼頭……等，詳細內容見本章附錄1。[21]
- 能源探勘、生產、運送或相關產品之二：屬於美

21　參見：https://www.ecfr.gov/current/title-15/part-746/appendix-Supplement%20No.%202%20to%20Part%20746。

國對俄羅斯和白俄羅斯的出口管制規章第765.5小節中所提及的ECCNs 0A998, 1C992, 3A229, 3A231, 3A232, 6A991, 8A992, and 8D999；包含水力壓裂設計分析軟件及數據、石油和天然氣勘探數據如地震分析數據、為油井作業的聚能裝藥及爆破裝置、中子發生器系統、水下識覺系統與潛水設備等。詳細內容見本章附錄2。[22]

- 重化及精密工業產品：屬於美國對俄羅斯和白俄羅斯的出口管制規章第765.5小節中所提及的附件4，項目多達國際商品統一海關六分位代碼（HTS-6）的565種產品，涵蓋：基本金屬及製品、各種機械設備、電力設備、內燃機、半導體、其他重要電子零組件、電池、車輛、測量儀器……等，見本章附錄3。[23]

- 「奢侈」品：屬於美國對俄羅斯和白俄羅斯的出口管制規章第765.5小節中所提及的附件5；名稱雖為「奢侈」品，內容五花八門，包含香菸、飲料、服飾、珍珠、古董等，也包含眾多種機械設備，如

---

22 參見：https://www.ecfr.gov/current/title-15/section-746.5。
23 參見：https://www.ecfr.gov/current/title-15/part-746/appendix-Supplement%20No.%204%20to%20Part%20746。

內燃機、飛機引擎、車輛及重要零件、家電、傳動軸、軸承裝置，甚至自動提款機……等。[24]

- 可用於生產化學或生化武器的原料和設備：屬於美國對俄羅斯和白俄羅斯的出口管制規章第765.5小節中所提及的附件6，裡面涵蓋多種化學品、生物實驗室製劑及生化設備、量子電腦以及顯微鏡……等。[25]

- 雜項敏感科技：屬於美國對俄羅斯和白俄羅斯的出口管制規章第765.5小節中所提及的附件7，內容包含內燃機、電腦、積體電路、鉭質電容器、無線店導航裝置、聲音傳導裝置……等，詳見本章附錄4。[26]

不過，這是俄羅斯的案例，俄國與美國的經濟關係，本來就不算密切。美俄經濟就算完全脫勾，對雙方經濟的影響都有限。何況如上所述，俄烏戰爭以來，也沒有全面

24　參見：https://www.ecfr.gov/current/title-15/part-746/appendix-Supplement%20No.%205%20to%20Part%20746。

25　參見：https://www.ecfr.gov/current/title-15/part-746/appendix-Supplement%20No.%206%20to%20Part%20746。

26　參見：https://www.ecfr.gov/current/title-15/part-746/appendix-Supplement%20No.%207%20to%20Part%20746。

脫勾，只是增加了重重限制，導致雙方貿易嚴重惡化。

美中的經濟關係就不一樣了。雙方往來非常密切，很難想像可以完全脫勾，因為對於雙方的成本都太大。不過，為了分析問題，我們以下還是會分析幾個脫勾式制裁的情境，做為參考。

五、美中經濟硬脫鉤的後果：對中國大陸的可能 衝擊

中國大陸如果在台海採取軍事行動，不論美國在軍事上面有什麼反應，至少有可能採取所謂的經濟制裁措施，而且在採取這些措施的時候，一定會設法邀請其他和美國友好的國家來一起採取這樣的措施。現在俄烏戰爭情況就是這樣，上一節已經介紹，美國對於俄羅斯和白俄羅斯的出口增加很多管制，而且不是只有美國在做，與美國友好的盟友國家也做，內容大同小異，台灣也是跟進者之一。此地討論美國對中國大陸可能做的經濟制裁，用的是類似的思考模式。

具體而言，我們把這次參與美國對於俄羅斯制裁的所有國家，都看成是「美國友好國家」；我們假設未來美國

對中進行經濟制裁的時候，這些國家會跟進。這個假設不一定對，目前可以看得到的跡象顯示，一些與中國大陸經貿關係密切的歐洲國家，不一定會跟進；他們與俄羅斯的經貿關係也有，但遠不如與中國大陸般密切。但是，我們此節所做的模擬，還是暫時假設他們全部跟進，稱為「潛在不友善來源」；如果真有部分不跟進，未來可以再調整模型。

1. 中國大陸使用進口中間產品所面臨的制裁風險

　　制裁可以有好多層面，我們先講各國出口到中國大陸的層面。就美國及其友好國家出口到中國大陸產品，也就是中國大陸所得到的進口品而言，有一種可能發生的制裁，就是美國和盟友停止供應這些產品：有可能像對付俄羅斯一樣停止部分產品的供應，最嚴重的話就是全面停止供應。目前我們假設後者。

　　如果停止供應的話，衝擊又可分成兩個層面，一是最終需求，二是中間需求。此地先討論後者，意思是：大陸各行各業的生產方面，需要進口很多中間原料或者零組件，我們稱為中間財、中間需求或中間產品。如果美國及其友好國家停止對中國大陸供應中間產品，會對大陸各行

各業產生何種效果？

為了探討這個因素，我們又分成不同的角度來看這個問題。第一個角度就是先看大陸有那些「主要的」中間需求，也就是說，某行業購買某類別中間需求，占其本身生產總額（出廠營收總額）比率有多少。比率越高，表示這個行業在生產過程中，對中間產品有較大的依賴，就成為一個「主要的」需求者。

從這個角度來看，我們做了一個計算。所用的資料是OECD2021版的國際投入產出表（Inter-Country Input-Output表，簡稱ICIO），資料年是2018年。就各國本身自己的資料來源而言，可能有稍微新一點的表，不過2020和2021年發生新冠疫情，資料不穩定，而2020年發生新冠疫情以前，目前為止比較可靠的資料來源就是上述OECD的資料。這個資料最大好處在於：行業定義是各國通用的，而且把不同國家投入產出表都整合在一起，變成全世界的投入產出表。

• 最高風險產業

我們把結果整理成表4.5.1。這個表裡面扣除標題的直

行一共有6，代表購買產業。這6個產業是購買各類中間產品比較多的產業：每類中間產品需求至少占生產總額的10%。橫列是供給產業，也就是說6個產業在買這2類中間產品時，用量占各該產業的生產總額均達到一成或更高。

表4.5.1　中國大陸產業重要中間需求潛在不友善進口占比：四捨五入後不低於10%

右：購買產業 下：供應產業		電腦、電子與光學產品	電力機械	其他機械設備	汽車、拖車、半拖車以外交通工具	通訊	專業、科學與技術服務
電腦、電子與光學產品	潛在不友善來源進口占中間產品需求比率	**17.87%**	18.20%	18.09%	18.27%	17.67%	18.10%
	中間需求占購買產業生產總額比率	**45.31%**	6.51%	5.15%	5.31%	6.57%	5.03%
汽車、拖車、半拖車以外交通工具	潛在不友善來源進口占中間產品需求比率				**18.44%**		
	中間需求占購買產業生產總額比率				**14.69%**		
購買者生產總額占全國生產總額比		4.77%	2.62%	3.53%	0.64%	0.76%	1.98%

註：僅涵蓋中間需求占購買產業生產總額比率至少5%者，如大於或等於10%則用粗體字表示。

資料來源：OECD 2021年版ICIO，資料為2018年。

以電腦電子與光學產品購買者為例，此產業所購買，同樣屬於電腦電子與光學產品中間財，占它生產總額的比率，居然達到45.31％，這是非常高的數字：生產總額裡面有進口中間產品，有國產中間產品，還有薪資、利潤、繳給政府的生產性稅負等，都在裡面，而對單一行業中間產品需求占到45.31％，顯然很大。這個中間產品需求中，來自美國及其友好的國家所供應者，達到17.87％，這也是很高的比率，也就是風險之由來。

　　為什麼電腦電子與光學產品行業是如此地「國際化」？理由非常簡單，世界貿易組織（World Trade Organization，簡稱WTO）之下，有一個多國簽署的《資訊技術協定》（Information Technology Agreement，簡稱ITA），讓大多數的電腦電子與光學產品享受零關稅，所以各國之間的水平分工非常綿密。

　　比如一支手機做出來，它的供應商可能是一層一層地在不同國家之間反覆穿梭。最後的裝配在中國大陸，第一層上游的零件可能是來自台灣、日本、韓國或其他地方。在台灣生產這部分，有部分零件可能又是來自中國大陸，一部分來自日本或是韓國，這是所謂第二層的上游。中國大陸生產這部分零件，可能有一部分中間產品又是從台灣

過去，或是從日本、韓國過去，也就是第三層的上游……依此類推。所以這個產業的「產業內貿易」非常興盛；由表4.5.1可以看出，光只看第一層，如果潛在不友善來源都對大陸全面停止供應的話，這個行業的（同行業）中間產品供應裡面會有18%出現問題。

出現問題的時候，後續的關鍵在於有沒有替代品。短期內不可能有替代品：一旦進口斷供，短期內要改成國產品生產，不會有忽然出現的產能，只能先用存貨。長期而言要看有沒有替代品；裡面可能有一些有替代品，但是也可能有許多產品沒有替代品，比如說台積電供應給大陸電腦電子與光學產品業的高階晶片，可能一時就沒辦法找到類似性能的替代品。可以這樣講，萬一發生制裁，對於大陸電腦電子與光學產品業會是非常大的風險。

風險第二大的，是汽車、拖車、半拖車以外的交通工具，例如船舶。在這一個行業，產業內貿易一樣非常興盛，它同樣購買汽車、拖車、半拖車以外的交通工具，其中間需求占產業生產總額的比率達到14.69%，表示不低；當然比45.31%要好多了，可是也不算低。

而在這類中間需求裡面，來自潛在不友善來源的進口，占全部此類中間產品需求的比率，依據表4.5.1，達到

18.44%也就是接近兩成，不算低。所以發生制裁的話，這個行業是另外一個會受到威脅的行業。

同樣這個表中，有一些不是粗體字，這些的產業當中潛在不友善來源進口，占購買者生產總額的比率，沒有達到10%，但是超過1%。比如說通訊業購買電腦電子與光學中間產品，占其生產總額的比率達到6.57%，電力機械業所購買電腦電子光學中間產品比率達到6.51%，其他行業類推。

以通訊業為例，其中間需求裡17.67%來自潛在不友善來源；電力機械產業裡，有18.2%也是來自這樣的來源；專業科學與技術服務有18.1%，而最後其他機械設備有18.09%的中間需求來自這樣的來源。這些都是萬一發生制裁的時候，有中間產品（零組件或原料）進口斷供風險的行業。

這個表的最底下一列，是這些購買者的生產總額占全國生產總額的比率；可以看出來它在全國產業中的重要性。電腦電子與光學產品就非常重要，比例達到4.77%。其他機械設備（電力機械以及電腦電子與光學產品以外的機械設備）達到3.53%，也不算太低；電力機械達到2.62%，專業科學與技術服務達到1.98%，汽車、拖車、

半拖車以外的交通工具跟通訊，則各為 0.64% 跟 0.76%，看起來不大，但因為全國生產總額的數字非常大，其實這兩個行業也不算小。可以說在表 4.5.1 裡面的這六個購買行業，沒有一個不是重要行業。

- 次高風險產業

在表 4.5.1 裡面，我們只收錄了潛在不友善來源進口，占中間產品需求比率超過 10% 的行業（四捨五入以後超過至少等於 10%），所以這些是主要的遭受到風險的產業。再來是次要的可能會遭受到風險的產業，我們放在表 4.5.2。

表 4.5.2　中國大陸產業重要中間需求潛在不友善進口占比：
　　　　　四捨五入 5% ～ 10% 以下（待續）

右：購買產業 / 下：供應產業		農林牧	礦產：能源	礦產及土石採取：非能源	礦業及土石採取支援活動	紡織、紡織品、鞋	木及木製品	紙製品與印刷	焦炭與精煉石油製品
農林牧	潛在不友善來源進口占中間產品需求比率								
	中間需求占購買產業生產總額比率								

右：購買產業 下：供應產業		農林牧	礦產：能源	礦產及土石採取：非能源	礦業及土石採取支援活動	紡織、紡織品、鞋	木及木製品	紙製品與印刷	焦炭與精煉石油製品
礦產：能源	潛在不友善來源進口占中間產品需求比率		4.76%						6.69%
	中間需求占購買產業生產總額比率		13.86%						59.05%
礦產及土石採取：非能源	潛在不友善來源進口占中間產品需求比率			8.12%					
	中間需求占購買產業生產總額比率			7.25%					
化學與化學製品	潛在不友善來源進口占中間產品需求比率	6.63%	6.75%	6.66%	6.88%	6.79%	6.67%	6.73%	
	中間需求占購買產業生產總額比率	8.85%	5.08%	6.91%	7.61%	5.41%	6.48%	7.41%	
藥品、醫療化學與植物產品	潛在不友善來源進口占中間產品需求比率								
	中間需求占購買產業生產總額比率								

下：供應產業 ＼ 右：購買產業		農林牧	礦產：能源	礦產及土石採取：非能源	礦業及土石採取支援活動	紡織、紡織品、鞋	木及木製品	紙製品與印刷	焦炭與精煉石油製品
基本金屬	潛在不友善來源進口占中間產品需求比率								
	中間需求占購買產業生產總額比率								
電力機械	潛在不友善來源進口占中間產品需求比率								
	中間需求占購買產業生產總額比率								
其他機械設備	潛在不友善來源進口占中間產品需求比率		8.00%	7.92%	**8.13%**				
	中間需求占購買產業生產總額比率		5.69%	6.20%	**10.99%**				
汽車、拖車、半拖車	潛在不友善來源進口占中間產品需求比率								
	中間需求占購買產業生產總額比率								
其他交通工具	潛在不友善來源進口占中間產品需求比率								
	中間需求占購買產業生產總額比率								
購買者生產總額占全國生產總額比		5.46%	1.78%	0.90%	0.08%	4.32%	0.68%	1.36%	1.85%

表4.5.2　中國大陸產業重要中間需求潛在不友善進口占比：四捨五入5% ～ 10%以下（續1）

下：供應產業 / 右：購買產業		化學與化學製品	藥品、醫療化學與植物產品	橡膠與塑膠製品	其他非金屬礦物製品	基本金屬	電力機械	其他機械設備	汽車、拖車、半拖車
農林牧	潛在不友善來源進口占中間產品需求比率								
	中間需求占購買產業生產總額比率								
礦產：能源	潛在不友善來源進口占中間產品需求比率	5.98%			4.50%				
	中間需求占購買產業生產總額比率	7.09%			4.90%				
礦產及土石採取：非能源	潛在不友善來源進口占中間產品需求比率					9.32%			
	中間需求占購買產業生產總額比率					11.21%			
化學與化學製品	潛在不友善來源進口占中間產品需求比率	6.65%		6.67%					
	中間需求占購買產業生產總額比率	30.06%		30.78%					
藥品、醫療化學與植物產品	潛在不友善來源進口占中間產品需求比率		5.79%						
	中間需求占購買產業生產總額比率		25.17%						

右：購買產業 ／ 下：供應產業		化學與化學製品	藥品、醫療化學與植物產品	橡膠與塑膠製品	其他非金屬礦物製品	基本金屬	電力機械	其他機械設備	汽車、拖車、半拖車
基本金屬	潛在不友善來源進口占中間產品需求比率						5.80%		
	中間需求占購買產業生產總額比率						20.24%		
電力機械	潛在不友善來源進口占中間產品需求比率						4.85%	5.36%	
	中間需求占購買產業生產總額比率						15.07%	5%	
其他機械設備	潛在不友善來源進口占中間產品需求比率							8.05%	
	中間需求占購買產業生產總額比率							19.60%	
汽車、拖車、半拖車	潛在不友善來源進口占中間產品需求比率								4.98%
	中間需求占購買產業生產總額比率								33.59%
其他交通工具	潛在不友善來源進口占中間產品需求比率								
	中間需求占購買產業生產總額比率								
購買者生產總額占全國生產總額比		3.81%	1.13%	1.64%	3.03%	5.04%	2.62%	3.53%	3.60%

表 4.5.2　中國大陸產業重要中間需求潛在不友善占比：四捨五入 5%～10% 以下（續完）

下：供應產業 ＼ 右：購買產業		汽車、拖車、半拖車以外交通工具	其他製造及設備修理與安裝	電、燃氣、蒸汽及空調供應	水、廢水處理、污染整治	陸地運輸、管道運輸	水上運輸	醫療保健與社會工作服務
農林牧	潛在不友善來源進口占中間產品需求比率							
	中間需求占購買產業生產總額比率							
礦產：能源	潛在不友善來源進口占中間產品需求比率			5.51%				
	中間需求占購買產業生產總額比率			22.20%				
礦產及土石採取：非能源	潛在不友善來源進口占中間產品需求比率							
	中間需求占購買產業生產總額比率							
化學與化學製品	潛在不友善來源進口占中間產品需求比率		6.77%		6.73%			
	中間需求占購買產業生產總額比率		5.05%		6.13%			
藥品、醫療化學與植物產品	潛在不友善來源進口占中間產品需求比率							5.88%
	中間需求占購買產業生產總額比率							22.44%

右：購買產業 下：供應產業		汽車、拖車、半拖車以外交通工具	其他製造及設備修理與安裝	電、燃氣、蒸汽及空調供應	水、廢水處理、污染整治	陸地運輸、管道運輸	水上運輸	醫療保健與社會工作服務
基本金屬	潛在不友善來源進口占中間產品需求比率		5.01%					
	中間需求占購買產業生產總額比率		5.47%					
電力機械	潛在不友善來源進口占中間產品需求比率	**4.91%**		4.79%				
	中間需求占購買產業生產總額比率	**10.08%**		4.78%				
其他機械設備	潛在不友善來源進口占中間產品需求比率	8.38%						
	中間需求占購買產業生產總額比率	5.69%						
汽車、拖車、半拖車	潛在不友善來源進口占中間產品需求比率					**4.71%**		
	中間需求占購買產業生產總額比率					**11.28%**		
其他交通工具	潛在不友善來源進口占中間產品需求比率						4.77%	
	中間需求占購買產業生產總額比率						7.78%	
購買者生產總額占全國生產總額比		0.64%	1.09%	2.89%	0.58%	2.52%	0.37%	1.32%

註：僅涵蓋中間需求占購買產業生產總額比率至少5%者，如大於或等於10%則用粗體字表示。

資料來源：OECD 2021 年版 ICIO，資料為 2018 年。

表4.5.2中行業的潛在不友善來源的進口占它中間產品需求的比率，雖然沒有達到10%以上，但是在四捨五入以後達到5%到10%以下，所以也不能說沒有風險。這個表裡面的數字同樣的有粗體字和不是粗體字，前者表示此類別中間產品需求占購買者生產總額的比率達到10%以上，表示其需求的重要性。

　　我們只探討表中粗體字的部分，不是粗體字的就請讀者自行參閱。這個表裡面，首先看到粗體字的是能源類礦產。此行業所購買，同樣是屬於能源類礦產的產品，占其的生產總額的比率是13.86%，不可謂不大。然後在這個中間需求裡，有4.76%是來自潛在不友善來源的進口。

　　在礦業及土石採取業的支援活動類，所購買的（電力機械以及電腦電子與光學產品以外）其他機械設備，也是粗體字；不過因為這個行業占全國生產總額的比率確實就比較小，只有0.08%，應該算是比較不重要的行業。

　　表中有一個重要行業，是焦炭與精煉石油製品。此行業所購買的能源類礦產中間產品，占生產總額比率高達59.05%；而中間產品中，來自潛在不友善來源的有6.69%，是一個潛在的風險。同表中化學與化學製品，購買同產業中間產品，是粗體字；藥品、醫療化學與植物產

品，也是購買同行業的中間產品，占生產總額的比率是粗體字；橡膠與塑膠製品購買來自化學與化學製品的中間產品，同樣也是粗體字；三個行業都超過25%；不可謂不高。這三個行業中間產品需求中，來自潛在不友善來源的，都超過5%。

再來看基本金屬，所購買非能源類礦產及土石採取中間產品，占其生產總額的比率超過10%，是粗體字；電力機械所購買基本金屬中間品占生產總額的比率更高，達到20.24%；同產業也購買了不少同類的產品，一樣是粗體字。

再來就是電力機械以及電腦、電子與光學產品以外的其他機械設備，購買同行業中間產品的比率，達到生產總額的19.6%，也算是高的。至於汽車、拖車、半拖車購買同行業中間產品，所占生產總額的比率達到33.5%，也相當高。

另外，表的續完頁中可看出，汽車、拖車、半拖車以外的交通工具，所購買電力機械中間產品，占其生產總額是屬於粗體字的。電、燃氣、蒸氣及空調供應業所購買的能源類礦產中間產品，其占生產總額的比率達到22.2%，就更高了；大陸本身能源供給不夠，發電及燃氣業必須進口很多天然氣或燃油，來當作此業能源的來源；其中來自

潛在不友善地區的，占此業之此類中間需求的5.51%。

最後，陸地和管道運輸所購買的汽車、拖車、半拖車中間產品，占其生產總額的比率也是粗體字；醫療保健與社會工作服務所購買的藥品、醫療化學與植物產品中間產品，占其生產總額的比率達到了22.44%，也算是相當高。

- 其他高風險產業

表4.5.1還有4.5.2，記載了各行各業中，對某類中間產品有重要需求（占生產總額比率四捨五入後至少達到5%），而且其該類中間需求來自潛在不友善來源的比率，至少要達到5%的產業：如果後者達到5%但不及10%，就放在表4.5.2；如果超過10%，就進入表4.5.1。

有些行業所使用某類中間產品，可能沒有達到其生產總額5%的門檻，那就不會進入這兩個表。但對這類中間產品而言，來自潛在不友善來源的進口占其中間進口的比率，可能還是很高，所以我們就把不在以上兩個表中，但潛在不友善來源的進口占同類中間產品需求比率超過一定標準者，還是列出來，成為表4.5.3。

但由於購買產業的數量太大，我們還是做了一個篩

選，就是不包含購買某類中間產品，占其生產總額比率經四捨五入後達不到0.00%的產業：不達到0.00%，表示低於十萬分之五，其絕對數量很低。所有大於或等於十萬分之五者，經過四捨五入，就會出現0.01%的比率，那就會進入表4.5.3。

展示表4.5.3的用意在於，列在該表中的購買行業，其所購買某類中間產品的絕對量，或許不是太高；但其購買此類中間產品中，來自潛在不友善來源的比率偏高，還是值得密切關注。用量很不大，不一定代表這個產業的所使用的這種中間產品不重要，主要是要看這些來自潛在不友善地區的進口中間原料是不是屬於關鍵的零組件或原料，可不可以找到國產的替代品。無論如何，如果來自潛在不友善來源的比率愈高，當然風險就愈大。

所有包含在表4.5.3中的行業，都是其所購買特定類別中間產品中，來自潛在不友善進口來源的，占其此類別中間需求的比率，至少達到四分之一；如果不但達到四分之一，還達到一半或以上，就用粗體字表示。由表中可以看出，從購買者的角度而言，列入這個表的行業，一共有28個；以供應者而言，則有7個行業。

表4.5.3 中國大陸產業其他中間需求的潛在不友善占比：不低於25%者（待續）

敏感中間需求占比（右為購買者；下為銷售者）	農林牧	礦產：能源	礦產及土石採取：非能源	礦業及土石採取支援活動	食品、飲料、煙草	紡織、紡織品、鞋
化學與化學製品						
藥品、醫療化學與植物產品			27.53%	38.70%		
基本金屬						
電腦、電子與光學產品	27.37%					28.36%
其他機械設備						
汽車、拖車、半拖車						
其他交通工具		26.97%	25.85%	36.16%	28.64%	27.04%

敏感中間需求占比（右為購買者；下為銷售者）	木及木製品	焦炭與精煉石油製品	化學與化學製品	藥品、醫療化學與植物產品	橡膠與塑膠製品	其他非金屬礦物製品
化學與化學製品						
藥品、醫療化學與植物產品						
基本金屬						
電腦、電子與光學產品	27.59%		25.87%			
其他機械設備						
汽車、拖車、半拖車				29.37%		
其他交通工具		36.95%	26.82%	27.80%	33.45%	33.79%

表4.5.3 中國大陸產業其他中間需求的潛在不友善占比：不低於25%者（續1）

敏感中間需求占比（右為購買者；下為銷售者）	金屬製品	電腦、電子與光學產品	電力機械	汽車、拖車、半拖車	其他交通工具
化學與化學製品					
藥品、醫療化學與植物產品					28.08%
基本金屬					
電腦、電子與光學產品					
其他機械設備					
汽車、拖車、半拖車		41.54%			
其他交通工具	44.34%	43.57%	29.32%	26.52%	

敏感中間需求占比（右為購買者；下為銷售者）	電、燃氣、蒸汽及空調供應	營造	水上運輸	倉儲、運輸輔助	郵政與快遞
化學與化學製品			24.50%	24.71%	
藥品、醫療化學與植物產品					
基本金屬					26.08%
電腦、電子與光學產品					
其他機械設備					
汽車、拖車、半拖車	**58.35%**	26.09%			
其他交通工具					

表4.5.3 中國大陸產業其他中間需求的潛在不友善占比：不低於25%者（續完）

敏感中間需求占比（右為購買者；下為銷售者）	出版、視聽、廣播	通訊	資訊技術及服務	公共行政與強制性社會安全	醫療保健與社會工作服務	藝術、娛樂及休閒服務
化學與化學製品		37.61%			47.03%	
藥品、醫療化學與植物產品						
基本金屬		33.60%				
電腦、電子與光學產品						
其他機械設備	26.19%		38.31%		24.95%	
汽車、拖車、半拖車			26.48%		38.61%	
其他交通工具		24.96%		28.02%	24.90%	25.67%

註：1. 粗體字者為不低於50%者，餘為四捨五入後不低於25%者。
　　2. 只涵蓋中間需求占生產總額比率於四捨五入後高於0.00%者。

資料來源：OECD 2021年版ICIO，資料為2018年。

　　表4.5.3中行業數較多，我們就只選擇比較重要的來做說明。在這個表中，唯一一個粗體字，是電、燃氣、蒸汽及空調供應業，對於汽車、拖車、半拖車的中間需求購買，其中約五成八是來自潛在不友善來源。

　　比重不到一半，但大於四成的，有電腦、電子與光學產品業對於汽車、拖車、半拖車的中間需求，以及同行業

對於（汽車、拖車、半拖車以外）其他交通工具的中間需求。醫療保健與社會工作服務對於化學與化學製品的中間需求，其中來自潛在不友善來源的，也大於四成，達到47.03%，有潛在的風險。

從供應產業來看，汽車、拖車、半拖車以外其他交通工具，顯然是一個重點項目。表中17個購買行業中，有18個對其中間產品的需求中，有不低於四分之一比率，來自潛在不友善進口來源。

其餘各業，不再贅述，請讀者自行參閱。

2. 中國大陸最終產品進口所面臨的制裁風險

進口產品作為中間原料，如果忽然斷供，立刻會對使用的廠商造成風險。但進口品不止作為中間原料，最終需求裡也有進口品。最終需求包含民間消費、政府消費、固定資本形成、存貨變動，居民在國外直接購買產品等。由於政府消費比較屬於政策決定，而存貨變動和居民在國外直接購買產品，金額都非常相對小，此地將僅討論民間消費與固定資本形成，前者包含家計單位消費與服務家計單位的非營利事業消費，後者就是俗稱的投資。

- 民間消費

在民間消費方面，潛在不友善來源進口占各類消費的
比率，見表4.5.4。表中只涵蓋消費內容占總消費額1%以
上且潛在不友善進口占消費需求比超過1%以上之項目。
為了瞭解各項目在民間消費中的重要性，也表中也列出了
各項目在民間消費總數中的比率。表中所涵蓋的項目，其
合計比率達到五成四。

表4.5.4　中國大陸民間消費所面臨潛在進口杯葛風險

消費內容	占總消費比	潛在不友善進口 占消費需求比
農林牧	7.6%	1.08%
食品、飲料、煙草	15.5%	2.03%
紡織、紡織品、鞋	4.7%	1.99%
焦炭與精煉石油製品	1.1%	3.01%
藥品、醫療化學與 植物產品	2.3%	5.70%
電腦、電子與 光學產品	1.9%	17.62%
電力機械	1.2%	4.92%
汽車、拖車、半拖車	3.0%	4.95%
批發、零售、汽車修理	5.9%	5.16%

消費內容	占總消費比	潛在不友善進口 占消費需求比
陸地運輸、管道運輸	2.1%	3.16%
金融與保險	5.8%	1.78%
租賃及其他企業服務	1.6%	1.92%
藝術、娛樂及休閒服務	1.3%	4.27%
合計	**53.9%**	

註：只涵蓋消費內容占總消費額1%以上且潛在不友善進口占消費需求
比（不友善來源進口占消費需求比率）超過1%以上之項目。

來源：OECD 2021年版ICIO，資料為2018年。

在此表中，潛在不友善來源進口占消費金額比率最高
的是電腦、電子與光學產品，比率高達17.62%；此類消
費占消費總額比率約1.9%，也不算太低。潛在不友善來
源進口占消費金額比率次高的，是藥品、醫療化學與植
物產品，比率達到5.70%，而這項消費占消費總額比率為
2.3%，可說有其重要性。第三高的，是批發、零售、汽車
修理，比率為5.17%，而此項占消費總額比率高達5.9%，
可說是消費重點之一。

表中其他潛在不友善來源進口占消費金額比率較高
者，為占消費總額比率達3.0%的汽車、拖車、半拖車產

品，占消費總額比率達1.2%的電力機械，以及占消費總額比率達1.3%的藝術、娛樂及休閒服務業。

表中占消費總額最大的項目，是食品、飲料、煙草，其占消費總額比達到15.5%，而此項消費中，來自潛在不友善來源進口所占消費的比率，為2.03%，不算高。表中占消費總額次大的項目，是農林牧產品，占4.6%，此項消費額中，來自潛在不友善來源的進口所占比率，為1.08%，也不算高。

• 固定資本形成

相對於民間消費而言，固定資本形成依賴進口的比重就大得多，而且其中有相當部分來自潛在不友善來源。可見如果美國及其友好國家如果對中國大陸進行出口管制，對於大陸投資活動的影響，遠大於民間消費。相關的數據列在表4.5.5。

和表4.5.4相同，此表只涵蓋固定資本形成內容占固定資本形成總額1%以上，且潛在不友善來源進口占固定資本形成需求比超過1%以上之項目。和民間消費相比，項目比較集中：表中12個供給項目加起來，就占到固定資本

形成總額近九成七。

在此表中，對潛在不友善來源進口依賴最大的項目，依序為營造，汽車、拖車、半拖車，以及（汽車、拖車、半拖車以外的）其他交通工具。其中前兩名超過一半，第三名也接近三成七。其次為電腦、電子與光學產品，電力機械，以及資訊技術及服務：其依賴比率在一成到二成之間。

在表4.5.5中，需求項目占固定資本形成總額最大的是營造業，高達五成七，而剛好此業來自潛在不友善來源進口的比率，又是全表最高的，達到近六成；可見營造業面臨相當大的潛在不友善國家出口制裁風險。

固定資本形成中比重次大的為（電力機械以及電腦、電子與光學產品以外的）其他機械設備；此業依賴潛在不友善來源的進口比率為8.68%，也不算小，但算是表中較低者。

固定資本形成中比重第三大的為汽車、拖車、半拖車；此業依賴潛在不友善來源的進口比率如上所述，為全表之次高，達到五成三，屬於暴露在潛在不友善國家制裁風險較高的產業。

表4.5.5 中國大陸固定資產形成所面臨潛在進口杯葛風險

固定資本形成內容	占總固定資本形成比	潛在不友善進口占固定資本形成需求比
金屬製品	2.4%	9.49%
電腦、電子與光學產品	4.0%	19.50%
電力機械	2.0%	13.84%
其他機械設備	9.3%	8.68%
汽車、拖車、半拖車	8.3%	53.31%
其他交通工具	2.0%	36.95%
其他製造及設備修理與安裝	1.0%	4.36%
營造	56.6%	58.99%
批發、零售、汽車修理	3.6%	7.84%
資訊技術及服務	3.6%	11.34%
不動產活動	2.1%	5.11%
專業、科學與技術服務	1.6%	4.66%
合計	**96.6%**	

註：只涵蓋固定資本形成內容占固定資本形成總額1%以上且潛在不友善進口占固定資本形成需求比（不友善來源進口占固定資本形成需求比率）超過1%以上之項目。

來源：OECD 2021年版ICIO，資料為2018年。

3. 中國大陸出口所面臨的制裁風險

潛在貿易制裁有兩個面向，一是美國及其友好國家／地區對中國大陸出口的可能限制，另一則是對來自中國大陸進口的可能限制。從中國大陸的角度來看，後者就是潛在不友善國家對其出口的可能制裁，包含限制或杯葛。

為了簡化分析，此地只討論全面制裁，也就是全體美國及其友好國家／地區對於中國大陸出口的全面禁止。

和以上對於中國大陸進口面臨制裁風險的分析一樣，這種極端的情境，不一定會發生，甚至可說發生的可能性不大。原因很簡單，貿易之所以存在，就表示對雙方都有利。中國大陸來自美國及其友好國家的進口，對中國大陸有利，對美國及其友好國家也有利。一旦制裁，是兩面刃，損人也損己。

中國大陸的出口也是一樣。如果美國及其友好國家杯葛來自中國大陸的出口，會傷害中國大陸，也會傷害自己。傷害的程度就不同大小的經濟體，和不同的產業會有所不同，對某些經濟體的某些產業的傷害，可能非常嚴重，甚至導致這個產業的解體。

例如，以上第二節已經說明：2022年美國從中國進口的機器和機械設備，占了自中國進口總額約四成六，占美

國此類產品總進口的26.8%。很難想像如果美國全面禁止中國產品進口，不會對自己的產業造成重大的影響。這些機器和機械設備，不同於玩具或成衣等消費者產品，是生產廠商在生產時要使用的中間產品，或是投資時要使用的資本財，短期內找到替代品不會是一件容易的事。

但為了分析方便，本地還是假設所有美國及其友好國家／地區，對大陸的出口實施制裁，從而對中國大陸的經濟產生何種影響。我們所使用的資料來源一樣是OECD的2021年版ICIO，資料年為2018年。

但和之前的分析不同，此地我們將利用「向後連鎖效果」來得到出口被制裁時，對於大陸經濟的衝擊。所謂連鎖效果，其實就是一連串的連鎖反應。例如電腦業的出口一定比率受阻，於是電腦業要減產，就會減少對中間產品的使用，例如減少對於基本金屬的使用，這樣一來，基本金屬業的產出就受到負面影響，於是基本金屬業也減產了，減少了它的中間需求，這樣又有其他行業的產出受到負面影響……如此週而復始，一直到所有產業都調整到新的均衡為止。

• 潛在不友善國家／地區制裁對於中國大陸出口的影響

　　這個連鎖反應的起頭第一波，就是出口受阻，我們把數字列在表4.5.6。我們假設所有對潛在不友善國家的出口都被阻，表中就列了各類主要物品的出口會下降多少比率。

表4.5.6　潛在出口制裁對於中國大陸出口的影響

	出口占 全國出口比	對潛在不友善國家／ 地區出口占比
農林牧	1%	43.3%
食品、飲料、煙草	2%	**57.8%**
紙製品與印刷	1%	**58.7%**
焦炭與精煉石油製品	1%	19.8%
化學與化學製品	5%	46.4%
藥品、醫療化學與 植物產品	1%	**62.2%**
橡膠與塑膠製品	3%	**57.7%**
其他非金屬礦物製品	2%	**58.6%**
基本金屬	4%	38.9%
金屬製品	5%	**55.8%**
電腦、電子與光學產品	22%	**65.8%**

電力機械	9%	**58.5%**
其他機械設備	7%	48.6%
汽車、拖車、半拖車	2%	**57.9%**
其他交通工具	2%	36.5%
其他製造及 設備修理與安裝	6%	**77.7%**
批發、零售、汽車修理	6%	**62.8%**
陸地運輸、管道運輸	2%	**58.3%**
水上運輸	1%	26.2%
航空運輸	1%	45.0%
出版、視聽、廣播	1%	**63.2%**
資訊技術及服務	2%	**67.7%**
專業、科學與技術服務	1%	**62.6%**
租賃及其他企業服務	1%	**69.2%**
合計	86%	

註：只包含出口占全國出口經四捨五入後不低於1%者。

來源：OECD 2021年版ICIO，資料為2018年，經作者計算而來。

　　從表4.5.6的最右邊一欄可以看出，後果會十分嚴重。嚴重性超過50%者，用粗體字表示，一共涉及16個行業。如果我們看表裡所有出口占全國出口超過5%的行業，而其出口受阻程度又為粗體字者，那首當其衝者為電腦、電

子與光學產品，其占全國出口比率達二成二，而其出口將有接近三分之二受阻，不可謂不嚴重。

其他的重點受影響產業為其他（指雜項）製造及設備修理與安裝業，其占總出口比率為6%，而有七成八出口受阻；電力機械業，占總出口比率為9%，而有近六成出口受阻；金屬製品業占總出口比率為5%，而有近五成六的出口受阻；電力機械以及電腦、電子與光學產品以外之其他機械設備業，占總出口比率為7%，其出口受阻程度雖然沒有五成，但也接近；同樣地，化學與化學製品占總出口比率為5%，其出口受阻程度也達到四成六。

- 潛在不友善國家／地區制裁對於中國大陸產業與就業的影響

以上出口受阻是連鎖反應的起頭第一波，接下來，會產生連鎖效果，對於各行各業都發生衝擊，我們把結果整理在表4.5.7。表中把對於生產總額衝擊超過20%的，用粗體字表示，超過10%但沒有超過20%的，用斜體字表示。這種字體表示，也適用於此欄之右的「就業人數」，這樣可以看出受影響較大的行業，其（2018年）的就業人

數多寡。一般而言，生產總額、國民生產毛額（GDP）和就業在短期往往呈同比率關係：如果生產總額下降，GDP會等比率下降，就業也會下降。不過，此地所使用的分析架構，是沒有考慮價格調整的投入產出模型。就中長期而言，如果出口受阻，各業的相對價格會變化，資源會從出口密集產業轉往內需產業，整個情況會漸漸往恢復的方向調整，只是在調整的過程中會有成本，而且調整後的福利水準還是會比制裁前的狀況要低。

表4.5.7　潛在出口制裁對於中國大陸產業與就業的影響

	生產總額占全國比	生產總額衝擊	就業（千人）	就業占全國比
農林牧	5.5%	-8.1%	26,429	4.2%
礦產：能源	1.8%	**-23.2%**	**899**	0.1%
食品、飲料、煙草	4.9%	-6.6%	12,290	1.9%
紡織、紡織品、鞋	4.3%	**-27.5%**	**5,638**	0.9%
紙製品與印刷	1.4%	*-13.2%*	*3,767*	0.6%
焦炭與精煉石油製品	1.8%	*-13.9%*	*393*	0.1%
化學與化學製品	3.8%	**-20.9%**	**2,957**	0.5%
藥品、醫療化學與植物產品	1.1%	-6.9%	1,494	0.2%

	生產總額占全國比	生產總額衝擊	就業（千人）	就業占全國比
橡膠與塑膠製品	1.6%	**-22.0%**	**4,575**	0.7%
其他非金屬礦物製品	3.0%	-7.1%	2,947	0.5%
基本金屬	5.0%	*-15.3%*	*2,840*	0.4%
金屬製品	2.3%	*-16.5%*	*8,139*	1.3%
電腦、電子與光學產品	4.8%	**-42.0%**	**4,452**	0.7%
電力機械	2.6%	**-23.4%**	**3,374**	0.5%
其他機械設備	3.5%	*-14.5%*	*7,301*	1.2%
汽車、拖車、半拖車	3.6%	-6.7%	6,016	1.0%
其他製造及設備修理與安裝	1.1%	**-32.8%**	**7,929**	1.3%
電、燃氣、蒸汽及空調供應	2.9%	*-10.0%*	*2,653*	0.4%
營造	9.6%	-0.1%	42,817	6.8%
批發、零售、汽車修理	5.6%	*-14.8%*	*92,512*	14.6%
陸地運輸、管道運輸	2.5%	*-14.1%*	*17,685*	2.8%
餐飲與住宿	1.8%	-5.0%	40,631	6.4%
資訊技術及服務	1.1%	*-12.7%*	*10,136*	1.6%
金融與保險	3.3%	-8.3%	17,754	2.8%
不動產活動	3.2%	-2.5%	8,188	1.3%

	生產總額占全國比	生產總額衝擊	就業（千人）	就業占全國比
專業、科學與技術服務	2.0%	*-11.1%*	*36,827*	5.8%
租賃及其他企業服務	2.7%	*-10.2%*	*39,620*	6.3%
公共行政與強制性社會安全	2.5%	-0.1%	39,785	6.3%
教育	1.8%	-0.2%	43,709	6.9%
醫療保健與社會工作服務	1.3%	-0.2%	66,583	10.5%
合計	92.6%			88.7%

註：只包含生產總額占全國比超過1%的行業。

※ 資料來源：OECD 2021 年版 ICIO，資料為 2018 年；經作者計算而來。

　　表中可看出，電腦、電子與光學產品受到的影響最大，將減產四成二，而2018年在這個產業的就業人口為4百多萬。其次為其他（雜項）製造及設備修理與安裝業，將減產三成三，其就業人口接近8百萬。紡織、紡織品、鞋業，也將受到重大影響，減產二成八，該業就業人口超過5百萬。電力機械將減產二成三，而在該業的就業人口約3百萬。

　　能源類礦產業將減產二成三，不過該業的就業人口不

到1百萬。橡膠與塑膠製品業將減產二成二，該業的就業人口有4百多萬。化學與化學製品業將減產二成一，而該業有近3百萬的就業人口。

表4.5.7中的其他數字就不一一詳述了。基本上，基本金屬、金屬製品和（電力機械以及電腦、電子與光學產品以外的）其他機械設備生產總額受到衝擊的比率都達到或接近15%，而這幾個行業都是就業重鎮，其就業量在2018年分別為近3百萬、8百多萬和7百多萬人。

總括來說，如果美國及其友好國家／地區對於中國大陸的出口採取全面禁止式的制裁，對於這些國家的經濟當然會有重大不利影響，對中國大陸的產業和就業而言，也會形成重大的衝擊。這將是一場沒有贏家的對決。

六、美中經濟硬脫鉤的後果：對美國的可能衝擊

我們可以用同樣的方法，來計算美中經濟硬脫鉤時，對美國本身經濟的影響。由於美國經濟體較大，且最具有全球化連帶關係的製造業，在美國整體經濟中的比率，比中國低，美國對外貿易依存度低於中國大陸。如果中國大陸對美國採取出口抵制，也就是所有輸往美國的產品一律

停止，美國所所受到的衝擊遠比上一節中國大陸經濟所受到的衝擊為低。

另外一個低的理由是：當美國對中國進行全面貿易制裁時，它會邀請其他「友好國家」跟進，許多西方國家和亞洲的日、韓、台等可能會配合。但是如果中國大陸對美進行制裁，礙於美國仍然是全球最大強權，應該比較難有國家積極配合。

1. 美國使用來自中國大陸中間產品所面臨的風險

我們先將美國產業中，中間需求占購買產業生產總額比率達到5％者，而各該中間需求中來自中國進口占比也超過5％者列出，在表4.6.1。

表4.6.1　美國產業重要中間需求之中國大陸進口占比

右：購買產業／下：供應產業		（化學、橡塑膠以外）其他非金屬礦物製品	電腦、電子與光學產品	（電腦電子與光學產品以及電力機械以外）其他機械設備
（化學、橡塑膠以外）其他非金屬礦物製品	來自中國進口占中間產品需求比率	5.90%		
	中間需求占購買產業生產總額比率	5.92%		

右：購買產業　下：供應產業	（化學、橡塑膠以外）其他非金屬礦物製品	電腦、電子與光學產品	（電腦電子與光學產品以及電力機械以外）其他機械設備
電腦、電子與光學產品　來自中國進口占中間產品需求比率		26.46%	
電腦、電子與光學產品　中間需求占購買產業生產總額比率		4.91%	
（電腦電子與光學產品以及電力機械以外）其他機械設備　來自中國進口占中間產品需求比率			6.82%
（電腦電子與光學產品以及電力機械以外）其他機械設備　中間需求占購買產業生產總額比率			5.15%
購買者生產總額占全國生產總額比	0.48%	1.00%	1.27%

註：僅涵蓋中間需求占購買產業生產總額比率至少5%者。

資料來源：OECD 2021年版ICIO，資料為2018年。

　　表4.6.1所相對應上一節中國經濟受到制裁風險的表，是表4.5.1與4.5.2。從表4.6.1的長度看來，與表4.5.1及4.5.2相去甚遠。這表示，如果中國大陸杯葛對美出口，在中間產品方面對美國產業生產能力損害的程度，將遠低於美國及其盟國對中國杯葛時的強度。

　　基本上，只有三個產業可能受到顯著影響：（化學、橡塑膠以外）其他非金屬礦物製品、電腦電子與光學產

品，以及（電腦電子與光學產品以及電力機械以外）其他機械設備。從其生產總額占全國比率來看，這三個產業都不算不重要：分別為0.48％、1.00％與1.27％。但來自中國進口占中間產品需求的比率，只有電腦、電子與光學產品業稍高，達到26.46％，其他兩個行業超過5％，但都不到10％。

如果不考慮中間需求占生產總額比率的高低，而純粹只看中國進口占各製造業中間需求的比率，出現的圖像就不一樣，我們把結果列在表4.6.2。這個表在上節中對應的是表4.5.3，但後者的標準比較高，只納入潛在杯葛國家進口占中間需求比超過25％者。即使採用較高比率，表4.5.3中有數字的項目數，還是比表4.6.2要多，表示如同表4.6.1和4.5.1及4.5.2的對比一樣，中國大陸所受到的潛在風險還是比美國大。不過，表4.6.2有一個特色，就是供應的產業（橫列）非常集中，而所影響的購買（需求產業）則十分廣泛。

基本上，如果中國大陸暫停對美出口，在電腦、電子與光學產品和電力機械這兩個領域，會影響到美國幾乎每一個製造業的中間需求供應。表4.6.2顯示，美國除了漁業、能源礦產業和非能源礦產及土石採取業以外，所有其

他製造業對中國電腦、電子與光學產品進口的中間需求依賴度，都超過10％，其中大多數超過20％。值得注意的是，這不是來自中國進口占進口中間需求的比率，而是來自中國進口占中間需求總額（包含國產及進口）的比率。

在電力機械方面，美國所有製造業對中國進口品的依賴均在10％以上，無一例外，而且其中比率超過20％也不在少數。其餘有相當依賴性的，是不少行業所進口自中國大陸的紡織中間產品，包含部分機械業、汽車業還有雜項製造及設備修理與安裝業。此外，美國的電力機械、（電腦及電力機械以外）其他機械業、汽車業、其他交通工具以及雜項製造及設備修理與安裝，也對來自中國大陸進口的雜項製造及設備修理與安裝中間產品，有相當的依賴性。

表4.6.2　美國製造業中間需求之中國大陸進口占比超過10％者（待續）

右為購買者；下為供應者	農林牧	漁	礦產：能源	礦產及土石採取：非能源	礦業及土石採取支援活動	食品、飲料、煙草	紡織、紡織品、鞋
紡織、紡織品、鞋	12.1%	20.9%					26.5%
電腦、電子與光學產品	10.4%				23.6%	23.3%	25.3%

電力機械	21.6%	11.7%	12.1%	11.8%	19.5%	17.8%	15.2%
其他（雜項）製造及設備修理與安裝							

右為購買者；下為供應者	木及木製品	紙製品與印刷	焦炭與精煉石油製品	化學與化學製品	藥品、醫療化學與植物產品	橡膠與塑膠製品	其他非金屬礦物製品
紡織、紡織品、鞋	20.4%	26.6%				17.7%	19.2%
電腦、電子與光學產品	24.2%	25.4%	22.5%	25.0%	14.2%	24.4%	25.4%
電力機械	22.1%	18.9%	9.7%	17.8%	12.8%	20.5%	19.2%
其他（雜項）製造及設備修理與安裝							

註：僅涵蓋製造業中來自中國進口占總中間需求比率（在四捨五入後）超過10%者。

資料來源：OECD 2021年版ICIO，資料為2018年。

表4.6.2　美國製造業中間需求之中國大陸進口占比超過10%者（續完）

右為購買者；下為供應者	基本金屬	金屬製品	電腦、電子與光學產品	電力機械	其他機械設備	食品、飲料、煙草	紡織、紡織品、鞋
紡織、紡織品、鞋		13.2%			19.8%		26.5%
電腦、電子與光學產品	24.7%	25.3%	26.5%	25.4%	24.8%	23.3%	25.3%

右為購買者；下為供應者	基本金屬	金屬製品	電腦、電子與光學產品	電力機械	其他機械設備	食品、飲料、煙草	紡織、紡織品、鞋
電力機械	24.7%	25.3%	26.5%	25.4%	24.8%	17.8%	15.2%
其他（雜項）製造及設備修理與安裝				12.1%	11.7%		

右為購買者；下為供應者	汽車、拖車、半拖車	其他交通工具	其他（雜項）製造及設備修理與安裝
紡織、紡織品、鞋	27.0%	20.3%	21.7%
電腦、電子與光學產品	25.9%	25.0%	25.3%
電力機械	19.8%	19.8%	21.1%
其他（雜項）製造及設備修理與安裝			15.8%

註：僅涵蓋製造業中來自中國進口占總中間需求比率超過10%者。

資料來源：OECD 2021 年版 ICIO，資料為 2018 年。

2. 美國民間消費使用來自中國大陸產品所面臨的風險

在民間消費方面，中國大陸所面臨的風險如上一節表4.5.4所示；我們用同樣的方式計算美國所面臨的風險，其結果如表4.6.3所示。這個表告訴我們幾件事：

第一，從會受到影響的品項來看，中國大陸民間消費受到的風險，其所占總消費額的比率較高：中國大陸所有

會被受到一定影響（來自潛在杯葛國家或地區的進口占消費比率超過1％），且其本身占總消費比率至少達到1％的品項，加起來占消費的比率達到53.9％。但在美國方面，用同樣方法所得到可能會受影響品項，加起來只占總消費的25.8％。

第二，但令人驚訝的是，就個別品項的風險程度而言，美國所受的影響強度很大：紡織、紡織品、鞋業方面，美國民間消費來自中國大陸進口的比重，高達三成七；電腦、電子與光學產品方面，高達四分之一；在其他（雜項）製造及設備修理與安裝方面，則達到一成七。對中國大陸民間消費而言，電腦、電子與光學產品方面，達到一成七，其餘的均在一成以下。

第三，在貿易戰中，有些產品屬於「敏感產品」，也就是與民生息息相關，日常不可或缺，包含食品和醫藥品。在這兩個品項方面，中國大陸面對美國及其盟國的杯葛風險，略高於美國。就食品、飲料、煙草而言，中國大陸所面對的進口阻礙，達到其消費額的2.03％，但美國只有0.7％。在藥品、醫療用化學與植物產品方面，中國大陸所面臨的風險占消費額的5.7％，美國所面臨的風險消費比率為2.3％。

表4.6.3 美國主要民間消費來自中國大陸進口之比率

消費內容	占總消費比	來自中國大陸進口 占消費需求比
食品、飲料、煙草	4.6%	0.7%
紡織、紡織品、鞋	1.1%	36.9%
化學與化學製品	0.8%	2.5%
藥品、醫療化學與植物產品	1.7%	2.3%
電腦、電子與光學產品	0.9%	25.1%
汽車、拖車、半拖車	1.9%	1.4%
其他（雜項）製造及 設備修理與安裝	1.3%	16.6%
批發、零售、汽車修理	11.0%	1.1%
陸地運輸、管道運輸	1.3%	1.9%
航空運輸	0.7%	0.8%
資訊技術及服務	0.5%	0.7%
合計	**25.8%**	

註：只涵蓋消費內容占總消費額（四捨五入後）1%以上且來自中國進
　　口占消費額比率（四捨五入後）超過1%以上之項目。

來源：OECD 2021年版ICIO，資料為2018年。

3. 美國固定資本形成使用來自中國大陸產品所面臨的風險

中國大陸固定資本形成（生產性投資）方面所面臨杯葛風險見上節的表4.5.5。從該表中可以看出，涵蓋的範圍很大，列入表中的品項占總固定資本形成的比率達到九成七。在個別項目方面，風險比率也很高，其中尤其以營造、汽車、其他交通工具（主要為船舶與飛機）為最。

用同樣方法計算美國所面臨固定資本形成來自中國大陸進口的風險，其結果如表4.6.4所示。與表4.5.4相比，可說風險明顯比較輕微。表中所有品項加總，只占總固定資本形成的四成一；其中風險比較大的項目為電腦、電子與光學產品，來自中國大陸進口占固定資本形成的比率為20.2％，電力機械為18.2％，其他（雜項）製造及設備修理與安裝則為13.1％。

表4.6.4　美國主要固定資產形成中來自中國大陸進口比率

固定資本形成內容	占總固定資本形成比	來自中國大陸進口占固定資本形成需求比
金屬製品	0.8%	3.6%
電腦、電子與光學產品	5.7%	20.2%
電力機械	0.8%	18.2%

固定資本形成內容	占總固定資本形成比	來自中國大陸進口占固定資本形成需求比
其他機械設備	5.2%	6.4%
汽車、拖車、半拖車	7.9%	1.4%
其他交通工具	2.7%	0.9%
其他（雜項）製造及設備修理與安裝	1.4%	13.1%
批發、零售、汽車修理	8.9%	1.4%
陸地運輸、管道運輸	0.9%	5.2%
資訊技術及服務	7.1%	0.7%
合計	41.3%	

註：只涵蓋固定資本形成內容占固定資本形成總額（四捨五入後）1%以上且來自中國大陸進口占固定資本形成需求比率達（四捨五入後）1%以上之項目。

來源：OECD 2021 年版 ICIO，資料為 2018 年。

在前一節中，我們除了生產、消費和投資外，還討論了對中國大陸潛在杯葛國家或地區，如果開始對其出口進行抵制時，對大陸經濟產生的可能效果。但在本節中，我們沒有對美國做類似的分析，原因如下：第一、出口對美國經濟的重要性，遠不如中國，其占GDP的比率，只有一成一左右；第二、如果只有中國大陸單獨抵制，鑑於輸往

中國大陸金額只占美國出口的7.5％（2022年數字），效果將更有限；第三、美國出口到中國大陸的商品組合中，最大宗是農產品，以2022年為例占全部出口二成三，但由於中國大陸對此有需求，且其屬於大宗物資，在國際間容易調配轉出口和轉進出，杯葛的意義不大。[27]

七、美中經濟軟脫鉤已經對台灣經濟發生負面影響

台灣出口成長，從2022年8月就開始巨幅下降，9月起轉為負，且負值逐月增加，到2023前半年，負值擴大，合計較去年同期下降18%，情勢極為嚴峻。一言以蔽之，就是連十黑，而且2023年6月的衰退最嚴重，達較前一年同月下降了二成三。經濟成長被拖累了：2022年的經濟成長率為2.35%，但2023年第一季的成長劇降為-2.87%。[28]

27　2022年美國對中國大陸出口之次大項為機器與機械設備，占20.1%；第三大項為化學、橡塑膠及皮革產品，占19.5%.

28　此節主要取材自朱雲鵬，2023/7，〈台灣出口成長為什麼連十黑？〉，另參見劉憶如，2023，https://www.chinatimes.com/newspapers/20230720000539-260109?chdtv。

機電（包含機械、通訊與電子）產品為台灣出口的主力，包含機械、電機、資通與視聽產品、家用電器、電腦及通訊產品、半導體及設備、其他電子零件等，占出口比率達三分之二。2023年上半年，這些產品出口比去年同期下降14%。而這類產品的主要出口市場是中國大陸，在2023年上半年，出口到中國大陸與香港的金額比去年上半年驟降了四分之一。其他出口到中國大陸的重災區還有傳統產業出口，包含石化和鋼鐵產品。

為什麼出口連十黑，為什麼經濟成長衰退？第一個原因是全球經濟走緩。世界貿易組織（WTO）於2023年4月發布最新一期《貨物貿易晴雨錶》顯示，2023年第一季全球貨物貿易景氣指數為95.6，低於基準點100，表示低於中期趨勢。同組織《全球貿易展望與統計》報告顯示，預計2023年全年世界貨物貿易量增長1.7%，高於2022年10月預測的1%，但遠低於2022年全年2.7%的增長率，也低於過去12年來2.6%的平均水準。

第二個主要原因是上述美中貿易戰效果的延續。台、美、中貿易本有連帶關係，在資通訊產品方面尤其如此：台灣供應半成品到大陸，然後大陸組裝出口到美國及其他先進市場。2018年發生美中貿易戰之後，美國品牌廠商多

數開始要求代工廠分散供應鏈，中國出口到美國的增幅下降，連帶台灣出口到中國大陸的金額也同步下降。許多台灣廠商開始建立替代供應鏈，但需要時間，目前效果不足以抵銷以上的利空。

前述美國鼓勵供應鏈從中國大陸轉移到其他地方，台灣也是轉移的可能對象之一。的確，美國來自台灣的進口比重已經略升，從2017年的1.8%增加到2023年前4月的2.7%。但美國占台灣出口比重不夠大，而且美國的進口總額在2023年前4月比前一年同期下降5%，導致台灣對北美市場的出口一樣出現衰退，幅度達15%。

主力出口半導體面臨庫存去化壓力，是台灣出口衰退的另一個原因。台灣出口產品中，半導體和其他電子零組件為重中之重。2022年全球曾發生晶片慌，各廠均加緊提高庫存，目前庫存很高，但景氣下滑，於是對半導體的需求成長下滑。2023年前5月，台灣半導體占全部出口37.6%，與前一年同期相比，衰退了12.7%。其他電子零組件占台灣全部出口3.4%，但與前一年同期相比，衰退幅度更大，達到-29.6%。光這兩項加起來，就占2023年前5月台灣出口的四成一。

在市場方面，台灣出口大陸的半導體，占2023年前

5月總出口的22.5%，不可謂不大，結果比前一年同期下降了22.8%。這裡有晶片市場不景氣的因素，也有部分因素是美國對於大陸實施科技制裁，限制有美國技術含量的（其他國家）高階晶片出口；美國也要求荷蘭、日、韓及台灣等，限制半導體製造設備對大陸的出口。[29]台灣對大陸半導體設備的出口不大，2023年前5個月只占全部出口的0.49%，而且產品不像歐日那樣高階，不過與前一年同期相比，出口到大陸的金額還是下降了三成。

和台灣處於類似狀況的還有南韓。南韓供應半成品到大陸，然後大陸組裝出口到美國及其他先進市場，使得大陸成為南韓最大市場。一旦大陸出口不如預期，連帶地對南韓的進口也會下滑；再加上半導體也是南韓出口的主力，全球半導體的需求因景氣與產業庫存因素偏弱，南韓的出口表現也不好：2023年5月，南韓出口比前一年同期下滑15.2%，是連續第八個月下滑（連八黑）。此月光是

---

29 原來只限於高階的極紫外光（EUV）曝光機，2023年6月荷蘭宣布出口管制及於舊型的深紫外光（DUV）曝光機，參見姚惠如，2023，https://technews.tw/2023/06/30/duv/。另見：Miller, Chris, 2022, *Chip War : The Fight for the World's Most Critical Technology*, N.Y.: Scribner；以及尹啟銘，2023，《晶片對決：台灣經濟與命運的生存戰》，台北：天下。

半導體的出口金額，就下滑了36.2%，反應數量和價格都下跌；對中國大陸出口，則比前一年同月下跌了20.8%。

八、即使沒有熱戰，台灣也必須在新的國際經濟秩序中找到自己的角色

在美中去風險式軟脫鉤的世界情勢下，除了因應美國品牌大廠的要求，在美國「友好國家」建立新的供應鏈以外，原來和中國大陸以及亞洲的供應鏈連結也不能放棄；這兩個供應鏈，各有各的勢力，各有各的市場。

美國方面建立一個經貿新體系的意圖很清楚，中國大陸方面，除本身經濟仍在發展中，也逐漸與其他願意持續與其發展經濟關係的國家，形成一個龐大的體系：其與一帶一路國家的投資與貿易關係逐漸加強，與俄羅斯及其他金磚國家的貿易關係也加強中。另外，中國大陸今年可能取代日本成為全球最大汽車出口國。

中國大陸本身對外的投資也持續成長，2023年前五個月，中國大陸對外非金融類直接投資達3564.6億元人民幣，比前一年同期增長24.2%（折合517.8億美元，比前一年同期增長16.1%）。 在「一帶一路」沿線國家非金融類

直接投資達630.6億元人民幣，比前一年同期增長19.6%（折合91.6億美元，比前一年同期增長11.8%），占同期總額的17.7%。

如果全世界有一個地方，可以在美國和中國大陸各自打造供應鏈的過程中，都扮演關鍵角色，這個地方非台灣莫屬。台灣有足夠的科技基礎、充分的供應鏈塑造經驗、累積有豐富的人脈，可以讓兩股不同的勢力，在台灣匯流。只有台灣，能讓這兩股不同的供應流，在台灣併行，但不必交錯。

要成功地讓台灣扮演這個角色，就不能受到其他國家關稅壁壘的障礙。這就更顯示出兩岸和平的重要性。中國大陸是台灣的最大出口市場，也是區域貿易協定的參與者。台灣在和對岸談判的過程中，就應該要談如何消除台灣農產品和其他產品輸出到大陸的障礙，就應該要談如何讓台灣在「海峽兩岸經濟合作架構協議」（Cross-Strait Economic Cooperation Framework Agreement，簡稱ECFA）的基礎上，有機會加入區域經貿組織像2023年6月生效的「區域全面經濟夥伴協定」（Regional Comprehensive Economic Partnership，簡稱RCEP）。談，就有希望；不談，就是僵在這裡，台灣的產品面臨像東協國家那樣的高

關稅，對出口成長不利，對成功建立或參與雙股供應鏈的前景不利。[30]

另外一個重要區域經濟體，在2018年年底生效的，是「跨太平洋夥伴全面進步協定」（Comprehensive and Progressive Agreement for Trans-Pacific Partnership，簡稱CPTPP），原始成員包含日本、加拿大、澳洲、紐西蘭、馬來西亞、新加坡、越南、汶萊、墨西哥、智利以及秘魯；英國在2023年7月也獲准加入。台灣和中國大陸都提出加入的申請，但可以想見的，如果兩岸關係不佳，在政治上各國都要做很多考量。如同蘇宏達（2023）所言，如果台灣能夠處理好兩岸關係，順利加入，將與其他地方站在同樣的立足點上競爭，對台灣有利。[31]

九、 美中經濟對抗將嚴重衝擊全球經濟

俄烏戰爭後，西方國家對俄羅斯的制裁和抵制，對於

---

30 參見：徐斯勤、陳德昇，2011，《東亞區域經濟整合與ECFA效應：台韓商大陸市場競合與挑戰》，台北：印刻。

31 蘇宏達，2023，「台灣必須爭取加入印太經濟架構」，https://www.gvm.com.tw/article/103119。

俄羅斯造成一定的影響，但對全球經濟的影響有限。主要原因是俄羅斯本身經濟的規模有限，比中國大陸的廣東省略小，而且和世界其他國家經濟關係的密切程度也有限。

但美中是全球第一和第二大經濟體，兩者合計應該是全球所有主要國家最重要的貿易夥伴，如果美中發生衝突，進而開動經濟戰，不論是金融還是貿易戰，不論是局部還是全面，都會對全球經濟造成決定性的負面衝擊。

前美國高盛公司總裁約翰‧桑頓（John Thornton）曾經在一場「美中關係走向」的演說中表示，如果先不看美中關係，而是思考未來30年，到2050年，地球會發生什麼變化，有一件事很清楚，就是到了2050年，全世界的人口將從現在的約80億，增加到約100億人。[32]

這個新增的20億人，將來自那些國家？主要是印度、奈及利亞、巴基斯坦、伊索比亞、烏干達、坦桑尼亞、剛果和印尼。這些基本都是貧窮國家。所以，我們可以預見的是，全世界將多出20億的貧窮人口，還有隨著大規模貧窮人口而來的種種問題，包含飢餓、難民、恐怖主義、氣候變遷災害……等等。

32　參見Thornton，2023，https://www.youtube.com/watch?v=kgUX82Vh_8I。

目前全世界最大的兩個經濟體，美國和中國大陸，加起來大約占全球GDP的42%，到了2050年，可能占的比率為五成到六成。

他問觀眾，美中兩國如何面對全球即將面臨的貧窮飢餓、難民、恐怖主義和氣候變遷災害？非要彼此對抗、拼個你死我活，置這些20億新增的貧窮人口於不顧，甚至雪上加霜？這是世界上大多數人民可以接受的選擇嗎？

誠如筆者和共同作者在《中美貿易戰：一場沒有贏家的對決》（2019）一書中所指出，經濟對抗，必然是兩敗俱傷。美中作為全球最大和次大經濟體，二者對抗，即使只是經濟，不但兩敗俱傷，也會傷及全球其他各經濟體，包含台灣在內。

本章之前的模擬計算，以經充分顯示出這點。在這些計算中，如果美中軍事發生對撞，進而影響到台灣的運輸，將重創台灣經濟。如果美國聯合西方國家對中國大陸實施經濟制裁，將重創大陸經濟；美國本身受到的影響程度和層面比較小一點，但一樣會受害。

在這種情況下，美國是否將從現在的雙重阻卻政策改成主動挑釁，應該會慎重行事，不會輕易改變。如果美國沒有改變基本政策，很難想像中國大陸在沒有被逼迫

的情況下，會主動挑起戰端，否則光是經濟的損失就不計其數。至於台灣，更應該認清自己的角色，如同吳崇涵（2018）所言，全力避險，避免走向戰爭。[33]

附錄 1　美國對俄羅斯和白俄羅斯的出口管制（一）

HTS	名稱
730411	石油和天然氣管道用不銹鋼管線管
730511	石油或天然氣管道用管線管，外徑超過 406.4 毫米（16 英寸），由鐵或鋼製成，縱向埋弧焊
730512	石油或天然氣管道的管線管，外徑超過 406.4 毫米（16 英寸），由鐵或鋼製成，縱向焊接的
730519	石油或天然氣管道的管線管，外徑超過 406.4 毫米（16 英寸），由鐵或鋼製成，鉚接或類似封閉的
730520	石油或天然氣鑽井套管，外徑超過 406.4 毫米（16 英寸），由鐵或鋼製成
730611	用於石油或天然氣管道的管線管，焊接的不銹鋼
730619	石油或天然氣管道的管線管，鋼鐵
731100	壓縮或液化氣體容器，鐵製或鋼製
761300	用於壓縮或液化氣體的鋁製容器

33　吳崇涵，2018，「中美競逐影響力下的台灣避險策略」，《歐美研究》第48卷第4期，頁513-547。台北：中央研究院歐美研究所。

HTS	名稱
820713	帶有工作部件的金屬陶瓷及其零件的岩石鑽探或鑽地工具
820719	用於手動工具的可互換工具，無論是否電動，或用於機床的可互換工具，包括岩石鑽孔或土方鑽孔工具；基礎金屬零件
841382	升液泵
841392	升液泵之零件
842139	氣體過濾或淨化機械和設備
841350	往復式正排量泵
841360	旋轉正排量泵
843049	鑽孔或沉沒機械
843139	提升、處理、裝載或卸載機械的零件
843143	鑽孔或沉沒機械之零件
847989	具有獨立功能的機器和機械設備零件
870520	移動鑽井井架
870899	機動車零件和配件
890520	浮動或潛水鑽井或生產平台
890590	輕型船隻、消防車、浮式起重機和其他以航行為主要功能的船隻；浮動碼頭

註：HTS 為 Harmonized Tariff Schedule 的簡稱，通常翻譯為「國際商品統一分類代碼」或「協調關稅表」。

資料來源：美國商務部。

附錄 2　美國對俄羅斯和白俄羅斯的出口管制（二）

ECCN 編號	名稱
0A998	a. 石油和天然氣勘探數據，例如地震分析數據。
	b. 水力壓裂項目如下：
	b.1. 水力壓裂設計分析軟件及數據。
	b.2. 水力壓裂「支撐劑」、「壓裂液」及其化學添加劑
1C992	商業裝藥和含有能材料的裝置（可用於油井作業的爆炸裝置）
3A229	引爆裝置和等效的大電流脈衝發生器（可用於油井作業的爆炸裝置）
3A231	中子發生器系統，包括管子
3A232	雷管和多點起爆系統
6A991	未另列明的海洋或陸地聲學設備，能夠檢測或定位水下物體或特徵或定位水面船隻或水下航行器，及其零件
8A992	不受項目 8A001 或 8A002 管制的船舶、海上系統或設備及零組件，以及船用鍋爐及其零組件
8D999	用於操作石油和天然氣行業中所使用無人潛水器的專門設計軟體

註：ECCN 是美國「出口管制分類編碼」（The Export Control Classification Number）的簡稱。

來源：美國商務部。

附錄 3　美國對俄羅斯和白俄羅斯的出口管制（三）

HTS	名稱
381519	氧化鋁催化劑
4408XX	單板和膠合板用板等。不論是否刨光等，厚度不超過 6 毫米（0.236 英寸）
441600	木桶、木桶、大桶、桶和其他製桶機產品及其零件，包括板條
7208XX-761210	鋼鐵或合金鋼扁平軋產品、扁軋不銹鋼及產品、鋁門或鋁結構
820760-820890	基本金屬的鏜削、拉削、切割等工具及其零件
840212-840690	蒸汽鍋爐與相關產品及零件
840721-842490	發動機、引擎、馬達、液體及真空泵、冷凍及空調、離心機、滅火器
842511-844391	起重機、工程卡車、運送機、升降機、推土機、打樁機、機械鏟、膠印機、印刷機
844400-845390	紡織及皮革機器、縫紉機針
845410-846890	金屬及非金屬加工機械、機床、手持式噴燈、焊接機器
847210	複印機
847230	用於分揀或折疊郵件、用於將郵件插入信封或用於打開或密封郵件的機器以及用於粘貼或取消郵資的機器
847321	電子計算器和計算器的零件和附件
847330	自動數據處理機及其裝置、磁性或光學閱讀器、轉錄機等的零件和附件
847410-847990	處理土石等礦物物質的機器、混凝土或砂漿攪拌機、玻璃器皿製造機器、塑膠橡膠成型機、工業機器人、其他機器
848020-848330	模具、減壓閥、軸承、滾珠、傳動軸和曲柄
848340-848590	齒輪和傳動裝置、齒輪箱和其他變速器、滑輪箱、離合器、機械密封、相關零件
848610-848690	晶圓、半導體、平版顯示之製造設備
848710	船舶或小艇的螺旋槳及其槳葉
848790	機械零件，非電動
850120-850590	交直流電機、發電機組、變壓器、永磁體、電磁鐵、電磁聯軸器、離合器和製動器
850660-850730	電池類
851110-851190	內燃機組
851220	用於機動車輛的電氣照明或視覺信號設備
851290	用於車輛的電氣照明或信號設備、擋風玻璃刮水器、除霜器和除霧器的部件
851411-851680	工業或實驗室電爐和烘箱等 電烙鐵和焊槍、蓄電式采暖散熱器、電加熱電阻器
851771-852910	電話機、固態半導體存儲裝置、傳輸設備、電視攝影機、雷達、無線遙控、天線及接收器
8530XX	交通電氣信號、交通控制設備
853210-853390	電容器、電阻器及零件
853400	印刷電路

853510-853890	保險絲、斷路器、避雷器、電器開關、插座、電控設備
853929-854190	電燈、電視攝像機管、圖像轉換器和增強器、其他光電陰極管、微波管、接收器或擴大器管、陰極管、二極管
854231-854800	處理器、控制器、存儲器、放大器、電子集成電路、粒子加速器、電鍍及電解設備、絕緣體、機械設備的電器部件
854911-854999	電池廢碎料、垃圾、碎玻璃、貴金屬廢料
860110-871690	鐵路機車、其他機動車輛、移動式起重機、混凝土攪拌機、其他車輛、農用車輛
900110	光纖、光纖束和光纜，但由單獨護套光纖製成的光纜除外
9005XX	望遠鏡
900630-901380	專為水下使用、空中測量或內部器官的醫學/外科檢查而設計的相機；用於法醫或犯罪學用途的相機；其他相機；手電筒、閃光燈；光學設備
901410-903289	測向羅盤、導航設備、測距儀、經緯儀和測速儀、溫度計、計數器、里程表、用於物理或化學分析的儀器和設備、其他測量設備

來源：美國商務部。

附錄 4　美國對俄羅斯和白俄羅斯的出口管制（四）

HTS	名稱
840710	航空用引擎，火花點火內燃活塞式
840890	其他壓縮點火內燃活塞引擎（柴油或半柴油引擎）（堆高機或跨載機用除外）
840910	航空內燃活塞引擎之零件
847150	第847141或847149等目除外之處理單元，在同一機殼內不論其是否含有一個或兩個下列形式之單元：儲存單元、輸入單元、輸出單元
851762	接收、轉換及傳輸或再生聲音、圖像或其他資料之機器，包括交換器及路由器
852691	無線電航行輔助器具
853221	鉭質電容器
853224	多層陶瓷介質電容器

HTS	名稱
854231	處理器及控制器，不論是否併裝有記憶體、轉換器、邏輯電路、放大器、計時器及計時電路或其他電路
854232	（積體電路）記憶體
854233	放大器
854239	其他積體電路

來源：美國商務部。

第五章
中華民國是
台海和平的庇佑

台灣原本有機會完美繼承過去的文化資本，
成為中華文化與儒釋道精神受益人。

——陳立恆[1]

1　陳立恆（法藍瓷公司董事長），2023/3/24，「明明能當受益人 偏偏想當被害者」，《聯合報》，https://www.franzcollection.com.tw/tw/news/all/CEO2023 0324。

如果我們維持目前的政策，各方均自制而不挑釁，我不認為戰爭不可避免……可能引發戰爭的情境是挑釁，例如中方以侵略性行動挑釁，例如台灣民選的領袖宣布一邊一國使中方不得不回應，例如美國做出像部分參議員所主張成立北約以外的防禦同盟並讓台灣加入等……我很可以想見，任一方在不清楚其行動後果的情況下，做了某些事，使情勢惡化，緊張情勢不斷激盪升高，那就像第一次世界大戰一樣，有可能發生一場大家沒有預期到的戰爭。

——艾利森（Graham Allison）[2]

2　發表於東南亞影響力聯盟舉辦之「SIA香格里拉高峰會議：台北2023地緣政治高峰論壇」，2023/9/11。

一、美中「上海公報」裡描述的「一中原則」

　　台海和平能否維持，主要基於三個主要利害關係者的互動：台灣、美國和中華人民共和國。由於後面兩個是國際大國，他們的互動尤其重要。如果美國和中華人民共和國任一方因台灣議題而決定走向軍事對抗，台海很難維持和平；相反地，如果雙方能在台灣議題上求同存異，而決心避免衝突，台海和平的局面比較容易維持。

　　過去50年以來，美國和中華人民共和國的關係是走在「維持穩定、管控分歧」的路上，而在美國方面的政策，就是本書前面所說的「雙重阻卻」和「戰略模糊」，這些要素使得台灣得以維持現狀。能夠走上這條路，「一中」政策扮演了重要的角色。如同第一章所述，美中關係的長期基礎是三個公報，而其中第一個，也就是1972年美中雙方所達成的「上海公報」，其重要的內容是：

- 中美關係正常化符合兩國利益；
- 中華人民共和國政府堅決反對任何旨在製造「一中一台」、「一個中國、兩個政府」、「兩個中國」、「台灣獨立」和鼓吹「台灣地位未定論」的活動；

- 美方認識到（acknowledge）海峽兩岸所有的中國人都堅持一個中國，台灣是中國的一部分，並對這一立場不提出異議（do not challenge）。美方重申對中國人自己和平解決台灣問題的關心，並隨著地區緊張局勢的緩和，將逐步減少駐台美軍設施和武裝力量；
- 擴大兩國民間交流與往來，為雙邊貿易提供便利。

以上的第三點，就是一般所稱的「一個中國」原則，重點為：「海峽兩岸所有的中國人都堅持一個中國，台灣是中國的一部分」。這句話的依據在那裡？

對中華民國而言，《中華民國憲法》說中華民國領土，依其固有之疆域，非經國民大會之決議，不得變更之。」這個「固有疆域」是指全中國。[3]依據憲法及其增修條文而制訂的《台灣地區與大陸地區人民關係條例》

3　中華民國憲法，是在民國36年制訂；所稱的「固有疆域」是指全中國，包含中國大陸，也包含台灣。在民國94年通過的憲法增修條文，也載明：「為因應國家統一前之需要，依照憲法第……條……之規定，增修本憲法條文……」；《台灣地區與大陸地區人民關係條例》裡的第一條說：「國家統一前，為確保台灣地區安全與民眾福祉，規範台灣地區與大陸地區人民之往來，並處理衍生之法律事件，特制定本條例……」。

中，則定義台灣地區為「台灣、澎湖、金門、馬祖及政府統治權所及之其他地區」，「大陸地區」為台灣地區以外之中華民國領土。[4] 換言之，中華民國憲法認為中國只有一個，就是中華民國；台灣地區是中華民國領土，大陸地區也是中華民國領土，兩個地區都是中國的一部分。[5]

對中華人民共和國而言，它同樣認為它代表整個中國，簡稱「中國」，其國民稱為「中國人」，認為台灣是中國的一部分。

這種情況，在國際上稱為「重疊主權」，也就是有兩

4　中華民國憲法既然為「一中憲法」，認為其代表整個中國，所以在過去，中華民國都簡稱為「中國」，其國民簡稱為「中國人」。從這個意義上說，以上上海公報所說的「海峽兩岸所有的中國人……」和中華民國憲法不抵觸。

5　2000 年 3 月 22 日，時任民進黨主席的謝長廷首次提出《中華民國憲法》是一種『一中』」的說法，他主張：「一中問題應回到《中華民國憲法》架構下來談，憲法有主權獨立、歷史發展等多種意涵。」他又說：「《中華民國憲法》本身就已凸顯中華民國是主權獨立國家，這部憲法也是朝野共識的最大公約數。」此種說法被簡稱為「憲法一中」（後來的說法陸續改為「憲法各表」及「憲法共識」）。2000 年 7 月 20 日，許文彬、施振榮、柴松林、郭衣洞（柏楊）等十四位總統府國策顧問聯名向陳水扁提出「國是建言書」，表示：兩岸僵局的關鍵在於雙方對於「一個中國」認知的歧見，建請陳總統宣示認同「《中華民國憲法》架構下的一個中國」原則，以開啟兩岸接觸對話、平等協商的契機。參見：https://www.wikiwand.com/zh-tw/%E6%86%B2%E6%B3%95%E5%90%84%E8%A1%A8。

個政府，都認為對於同一領土範圍有主權，但沒有一個政府實際上對整個領土範圍有完整統治權。[6]

重疊的主權，可以成為戰爭的起源，但很妙地，在美中關係上，反而成為一個雙方和平擱置台灣問題的「台階」。「一個中國」的主權之爭，可以導致激烈的中國內戰，就如同1949年前幾年的情況一樣，也可以成為海峽兩岸都不否認的「共同理念」，而且也就這樣變成美中擱置台灣爭議，而走向和解的基礎。

季辛吉在2023年5月接受《經濟學人》雜誌訪問時說，當他陪同尼克森在1972年訪問北京時，雙方都很清楚，關係能否進一步往前走的關鍵，就是台灣議題。在其他議題如經貿上，毛澤東都說他是學哲學的，不懂這些，而讓季辛吉和周恩來去談。但在台灣議題上，毛澤東的發言就非常直接，依據季辛吉的回憶，毛澤東說台灣議題不

6　馬英九前總統曾提出兩岸「互不承認主權，互不否認治權」的說法，參見：陳民峰，2021。另馬前總統在2023年春，赴大陸祭祖，曾在當地公開演說中主張「台灣地區大陸地區都是中華民國，都是中國」，立下一個里程碑，見藍孝威、陳冠宇、周毓翔，2023，https://www.chinatimes.com/newspapers/20230403000169-260118?chdtv。另亦見：馬英九口述、蕭旭岑著，2018，《八年執政回憶錄》，台北：天下文化。

急，可以「等一百年」（*The Economist*, 2023）。

　　但是在雙方的上海公報裡，不可能寫中華人民共和國可以等一百年，那怎麼寫？台海雙方憲法所展現的「重疊主權」，給了當時美國與中華人民共和國雙方都可以接受的公報文字基礎。[7]

　　當然，後來情況有了變化。季辛吉說，毛澤東所說的擱置爭議一百年，才走了一半，就被川普發動貿易戰而打破了。從那時一直到現在，情況愈來愈不樂觀，戰爭的可能性愈來愈大。不過，季辛吉說，戰爭的恐怖性，反而給了重新思考和平的機會。如果是他當政，他會先降低雙方對峙的溫度，然後逐漸建立互信和一個務實的、可運作的關係。[8]

7　2001年8月10日，陳水扁總統接見美國聯邦參議員基特·邦德時，公開表達：「兩岸問題要進一步解決，一定要依中華民國憲法的思維來定調，如此才能化解兩岸歧見，這也是兩岸政府與人民所能接受『一個中國』的答案。」參見：https://www.wikiwand.com/zh-tw/%E6%86%B2%E6%B3%95%E5%90%84%E8%A1%A8。

8　原文為：「He would start by lowering the temperature, and then gradually build confidence and a working relationship.」。

二、辜汪會談的先行對話：「九二共識」與「一中各表」

2023年6月美國國務卿布林肯訪問北京，意圖為美中競爭關係添加了護欄。雙方同意繼續對話，並且擴大交流。這讓我們想起30年前兩岸在新加坡的辜汪會談。2023年4月前海基會舉行了30週年的紀念會，不久之後，對岸的海協會也舉行了30週年的紀念會。

在台灣方面海基會的紀念會當中，沒有人提及「九二共識」這四個字，而在對岸的紀念會中則一直強調九二共識。[9]台灣內部對於九二共識的說法，有不一樣的觀點。有

9　所謂九二共識，其實是來自辜汪會談的先行作業，也就是1992年的香港會談。當時李登輝總統成立了國統會，其綱領為：「1.海峽兩岸均堅持『一個中國』之原則，但雙方所賦予之涵義有所不同……台灣固為中國之一部分，但大陸亦為中國之一部分。2.中國處於暫時分裂之狀態，由兩個政治實體，分治海峽兩岸。」在1992年的香港會談中，台方依據這個國統綱領的宣言，做出「一個中國」的口頭表述，對方海協會於1992年11月16日來函表示，同意以各自口頭表述的方式表明堅持一個中國原則的態度，並將該會的口頭表述重點函告海基會：「海峽兩岸都堅持一個中國的原則，努力謀求國家的統一；但在海峽兩岸事務性商談中，不涉及『一個中國』的政治含義。」同年12月3日，海基會函覆海協會：「鑒於『兩岸文書查證』及『兩岸間接掛號信函查詢與補償』問題懸宕多時，不但影響兩岸人民權益，且使人民對於交流產生疑慮，誠然遺憾！頃接貴會上述二函，顯示『願以積極的態度，簽署協議』、『使問題獲得完全解

些人認為1992年香港的會談是隔年辜汪會談的先行程序，如果在先行程序中沒有任何共識，怎麼可能在隔年舉行辜汪會談？[10] 也有些人認為所謂的九二共識根本沒有共識。

不過，無論是否承認九二共識，1993年辜振甫和汪道涵在新加坡見面、談判、達成四項協議，確是事實。[11] 四項協議中的《兩岸公證書查證協議》，一直實行到今天，在2023年海基會的紀念會中，現任的董事長即舉最近一年兩岸文書往來驗證的案件數量激增作為見證。其他三項協議分別是《兩岸掛號函件查詢補償事宜協議》、《兩會聯繫與會談制度協議》及《辜汪會談共同協議》。在最後一項中，有「雙方均認為應加強兩岸經濟交流，互補互利。雙方同意就台商在大陸投資權益及相關問題、兩岸工商界人士互訪等問題……雙方同意積極促進青少年互訪交流、兩

決』，對此，我方表示歡迎。台灣方始終認為：兩岸事務性之商談，應與政治性之議題無關，且對『一個中國』之涵義，認知略有不同。台灣方為謀求問題之解決，建議以口頭各自說明。至於口頭說明之具體內容，台灣方已於十一月三日發布之新聞稿中明白表示，將根據『國家統一綱領』及國家統一委員會本年八月一日對於『一個中國』涵義所作決議加以表達。」參見，趙建民，2023，「九二共識是兩岸和平契機 定要把握」，https://www.worldjournal.com/wj/story/121206/7072055。

10　參見蘇起，2014，《兩岸波濤二十年紀實》，台北：天下文化。

11　主要取材自：朱雲鵬，2023/6，「辜汪共識無法否定 兩岸復談一念間」，參見：https://www.chinatimes.com/opinion/20230621005098-262104?chdtv。

岸新聞界交流以及科技交流……促進科技人員互訪、交換科技研究出版物以及探討科技名詞統一與產品規格標準化問題……。」

2023年6月布林肯訪中，協議的一些重要內容是：雙方同意繼續推進中美聯合工作組磋商，解決中美關係中的具體問題；雙方同意鼓勵擴大兩國人文和教育交流，就增加中美之間客運航班進行積極探討，歡迎更多學生、學者、工商界人士到彼此國家互訪，並為此提供支援和便利。和辜汪會談的精神，有些神似。

三、台灣情和台灣和平主義

長久居住在台灣的多數人民，相信無論家世源頭為何，都對這裡的土地和人民有一份「台灣情」。同樣站在台灣情上，不同歷史階段、不同群體、不同境遇和不同思想造就了人民對於未來有不同的嚮往和表達。[12] 對於這些

---

12 參見黃煌雄，2015，《蔣渭水傳：台灣的孫中山》，台北：時報文化；黃煌雄等編著，2017，《三代台灣人：百年追求的現實與理想》，新北：遠足文化；Peng, Ming-Min, 1972, *A Taste of Freedom: Memoirs of a Formosan Independence Leader*, N.Y.: Holt, Rinehart and Winston；黃光國，2005，《一中兩憲：兩岸和平的起點》，台北：時報文化。

不同，理解和尊重都是必要的。[13]

　　不過，絕大多數台灣人民應該也有一個共同的期待，就是期待台灣的經濟繼續發展、台灣產業繼續在國際上有競爭力、人民生活繼續改善、兩岸維持和平。如同之前第三章所顯示，在這些項目裡面，和平應該是前提要件。

　　也如前所述，要維持和平，美中關係往良性的方向發展是要件之一。美中關係的三個基礎公報不被挑戰或毀壞，則應是重中之重。

　　而要維持這些基礎公報的精神，中華民國的現行憲法，顯然是一個關鍵。所以，如果要使台灣情往和平和繁榮的方向發展，對於中華民國和其憲法的尊重，就成為重中之重。[14]

　　目前看起來，「中華民國」是絕大多數台灣人民可以接受的公約數，中華民國憲法則是國家根本大法，其修改的程序異常嚴格，也應當可以說是絕大多數台灣人民的公約數。

13　參見施明德，2002，《無私的奉獻者/狂熱的革命者 ──施明德》，台北：天下文化。

14　黃年（2015）曾說：「台灣是水，中華民國是杯，杯在水在，杯破水覆」；施明德（推薦文，2015）則說「中華民國是台灣的保護傘」。

在中華民國憲法的現狀下，台灣可以自由地與全世界各國（包含中國大陸在內）做生意，台幣可以保持購買力，台灣經濟可以持續發展，台灣有自己一套政體和選舉模式，台灣可以有自己的軍隊……那保持憲法現狀，不讓和平的基本狀態改變，應當是一個人民期待的方向。

如果愛台灣，愛台灣人民，有台灣情，不應讓任何台灣本身政策的變化，使得上述自由自主的現狀遭受風險。台灣情應該發展出的道路，是和平的道路，也可稱為「台灣和平主義」。

在台灣和平主義的大旗下，有三點是很明顯的。第一，尊重現行憲法的架構，不要改變；第二，對於兩岸關係的發展，設法「異中求同」，而非「同中求異」，追求對話與交流。第三，對於美中關係的發展，台灣應盡其之力推動美中雙方維持既有和平架構、管控分歧。[15]

台灣情，就是疼惜長期生活在這塊土地上的人民。對於追隨「和平主義」的台灣人而言，疼惜的最明白表現，應該就是希望能夠維持台海和平，讓台灣人民繼續保有原

---

15 參見嚴震生，2019，「為矛盾中的兩岸關係找一條和平的路」，https://www.youtube.com/watch?v=8wRwlgALx6M 。

來的生活方式。[16]

四、台灣情和中華民國情可以兼顧

中華民國是台海和平的庇佑，也是國名，照理說應該
被珍惜，但實際上，它的正當性沒有受到良好的呵護。如
同段心儀（2023）所指出，從現行指引國民教育教科書編
撰的課綱，也就是106年4月所公布的108年十二年國民教
育課綱，明顯可以看出。[17]

當然，學生思想的塑造，不止來自教科書，還有老
師、家長、社會、同儕等，而且他們會長大，自己可以在
網路或其他來源搜索知識。但是，教科書這樣的處理，對
於「中華民國」這塊庇佑大山，還是會產生一定的影響。

國中歷史的第一冊是台灣史，而在這冊裡，首先說台
灣有史前文明，然後說有原住民、葡萄牙人發現台灣、荷

16　連戰在發表回憶錄時說：「盼望兩岸能走向和平之路⋯⋯子子孫孫永遠不
　　再受戰火波及。」（參見劉宛琳，2023，https://udn.com/news/story/6656/
　　6955883）。亦見連戰，2023，《連戰回憶錄》，上冊《我的永平之路》，及
　　下冊《從破冰到永平》，台北：天下文化。
17　段心儀，2023/6/14，「108課綱問題未解118課綱怎麼編」，《聯合報》。

蘭人和西班牙人占領台灣、「鄭氏」趕走荷蘭占領台灣、「清帝國」占領台灣、「清帝國」將台灣割讓給日本，日本來治理台灣，最後二次大戰後，由中華民國接收台灣，而且一接收就發生228事件。從這個邏輯來看，中華民國似乎是一個外來政權。[18]

在108之前的課綱裡，到了國中歷史第二冊，還有「中國史」，但是108課綱把中國歷史併入「東亞史」，與日、韓等外國並列。在這裡，雖然對中華民國成立的歷史有了一些介紹，但是內容非常簡短。[19]

世界上大概除了中華民國外，應該沒有一個國家，在中學的教科書裡，會用這麼少的篇幅，來介紹自己國家的誕生，而且是歸類在區域歷史裡，與外國史（日本、韓國

18　鄭氏為何要來到台灣，為何奉明朝為正朔，教科書不多解釋；為何清朝趕走鄭氏，也不多解釋；同理，清朝為何將台灣割讓給日本，日本為何讓中華民國接收台灣，都不多解釋。因為這些都屬於「中國史」，不在「台灣史」的範圍內。

19　例如在某一版本的國中二下「東亞史」的教科書裡，對於中華民國誕生的介紹，共約五百餘字。其他版本各有不同，但基本上受限於課綱所規定的章節、目錄和標題，也非常有限。有些版本的教科書中，並無對孫中山、黃興所領導的革命過程，像興中會和同盟會的成立、十次發動革命、329黃花崗七十二烈士的介紹，也無提到死者人名，例如林覺民。因此中學生不知道為什麼中華民國有一個國定假日是329青年節，它的由來是什麼。

史）同列；這樣的課綱，會讓學生覺得中華民國是外國。[20]

唸過這種課本的學生，心中可能存有許多混淆和迷惑：為何中華民國可以統治台灣，為何中華民國不是外國，為何台灣的國名是中華民國，為何升旗典禮時是向一面教科書裡沒有解釋過的國旗致敬，為何身分證上的國名是中華民國，為何有一個國定假日是329青年節……等？國家是中華民國，課本裡卻要去中華民國化，不曉得會不會造成思想的矛盾和人格的分裂。

在經濟學上，有一種機制叫做「嵌入式穩定裝置」（built-in stabilizer），最常見的例子就是所得稅制。在總體經濟擴張太速而導致過熱時，國民收入快速增加，在比例制或累進制的所得稅下，政府的所得稅收入會因此大增，如果支出不變，政府的盈餘就會增加，或赤字會減少；而政府的盈餘增加或赤字減少，就是緊縮性的財政政策，於是對於過熱的經濟就有冷卻的效果。反之亦然。

目前課綱所指引出來的教科書，則有點像是「嵌入式

20　國中如此，高中則用另外一個方式達到同樣的效果；高中課本不採傳統依照年代前後的歷朝歷代學習模式，而是像讀社會科學的論文一樣，包含「國家與社會」、「移民」、「現代化的歷程」……一篇篇拿出來討論，沒有完整的歷史脈絡。

不穩定裝置」（built-in destabilizer）。中華民國是台海和平的護佑，也是國家名稱，但卻在中學教科書裡植入對於中華民國正當性的質疑。如果大多數學生長大後仍然相信教科書，而被政治人物鼓動時，中華民國作為一個國民最大的公約數，就可能面臨被挑戰的危險。[21]

中華民國憲法當然也有可能被改變：修憲門檻再高，只要煽動力量夠大、民意夠強，也是可以跨越的。到時當政者，不論屬於那一黨，如果發現時機不對，或美國不同意，想要阻止，可能也無力擋住民意。到時後悔沒有將課綱及時修正到兼顧台灣情與中華民國情，往比較溫和、中道的方向走，也來不及了。[22]

---

[21] 德國在納粹執政初期，大幅改變了中學生的教科書，在書中植入反猶太、亞利安種族優越論等，是後來導致德國走向民粹主義的重要因素之一，見Ziemer, Gregor, 1941, *Education for Death: The Making of the Nazi*, Oxford: Oxford University Press。民粹教育，加上公共宣傳、暴力消滅反對勢力、經濟蕭條等其他因素，造就了希特勒的對外擴張和二次世界大戰。

[22] 最早的課綱制訂與教改同步，始自民國83年，同年通過總統直選。92年黃光國、周祝瑛等百位大學教授連署發表「教改萬言書」，希望終結十年教改亂象，見游常山（2023）；112年教改論壇為此舉行20週年記者會，論壇召集人、政大教授周祝瑛在會中表示，當年四大訴求亂象仍存在，因此再提出四大改革方向，包含108課綱有待調整；見周祝瑛，2023，「追憶黃光國 以立言行動關心國事」，https://udn.com/news/story/7339/7338045。另亦見：黃光國，2015，「以台灣精神作為文化中國的靈魂」，https://sec.ntu.edu.tw/epaper/article.asp?num=1241&sn=13783。

其實，台灣情和中華民國情可以並行、兼顧。台灣情也好，中華民國情也好，都是出於對於土地和人民的愛。在政治上，台灣其實在中華民國的誕生中，扮演過重要的角色。孫中山曾多次來到台灣，宣傳革命兼募款，台灣很多人響應；而在辛亥革命成功後，又有許多台灣人受到影響而投身抗日活動。[23]

台灣民主運動的先驅者蔣渭水，本身是孫中山所領導革命團體同盟會的一員，他在台灣所創的台灣民眾黨，其第一代和第二代的旗幟圖案都取自中華民國國旗。在蔣渭水先生逝世時，蓋在他棺木上的，就是第一代的台灣民眾黨黨旗。

另外，中華民國所代表的意義，還不止國家，也代表了文化資產的傳承。中華民國所在地的台灣，應該是最有機會保存和活用中華文化的地方；集體記憶中的台灣情，

23　孫中山的興中會和同盟會在台灣都設有分會。同盟會台灣分會成立時，台籍會員有許贊元、蔣渭水、連橫、賴和等70餘位。辛亥革命後，受到革命成功的感召，南投、嘉義、台中、台南、苗栗、台北等地反日武裝起義此起彼伏。苗栗縣大湖鄉，有為同盟會會員羅福星而設的紀念館：1912年孫中山委派羅福星回台動員抗日；1913年8月，孫中山二度來台，密會了羅和翁俊明、蔣渭水等人。同年12月，日警全台搜捕，抓到900多位抗日人士，羅遭殺害時僅28歲。

許多方面和家庭、習俗、文化脫不了關係。如同陳立恆（2023）所言，台灣原本有機會繼承過去的文化資本，成為中華文化與儒釋道精神受益人。[24]當初如能這樣做，台灣就可以在傳統的基礎上，創新求進、發揚光大，進而培養出可以照亮到亞洲和全球的龐大文化產業。

要在教科書裡，同時重視台灣歷史，弘揚台灣情，也重視中華民國，培養尊重中華民國的情操，善待台灣文化的根源，包含古代中國和中華文化，是可以做到的。但是108課綱和之前好幾個版本，都不選擇這條比較中道，比較溫和的道路，而選擇了把自己的國家非正當化、否定文化根源這條路。

在這種情況下，和平主義實現的可能性會降低。

24　但台灣沒有這樣做，文化產業被其他亞洲國家像日本和韓國超過，例如三國志就是日本動畫常用的題材。陳立恆（2023）在「明明能當受益人　偏偏想當被害者」一文中說：「看看今年奧斯卡盛典不難明白文化的力量多巨大，台灣明明可以成為中華文化資本繼承人與受益人，卻偏偏……想辦法塑造被祖產迫害形象。」又說：「台灣沒有學習兩百年前美國脫離英國後，成為英國文學與基督精神繼承人與受益人的成功經驗，太急於把中華文化從基礎教育根基裡剝離，又沒有……找到強而有力文化精神無縫撐起台灣教育的文化內容。」參見：https://www.franzcollection.com.tw/tw/news/all/CEO20230324。

五、美國會不會幫台灣打一場台灣法理獨立的代理戰爭？

　　過去長久以來，在民調中單純問台灣民眾，如果兩岸開戰，美國會不會協防出兵，通常認為「會」的比率不低，接近或超過一半。俄烏開戰後，似乎情況有些變化。此外，單純問開戰，其實題目比較含混，應該問及為何開戰，才屬於精確問法。

　　在後者方面，美國杜克大學牛教授所主持的《台灣國安研究》調查的結果可供參考。[25] 依據2022年12月該調查，台灣民眾被問及「如果因為台灣宣布獨立，大陸攻打台灣」，美國政府會採取何種對策？」，答案以「只提供武器」的人最多（44.4％），其次是「出兵援助」（19.3％）、「只提供軍事以外的援助」（13％）與「什麼都不做」（12.9％）。

25　美國杜克大學教授牛銘實（Emerson Niu）主持的團隊從2002年開始進行《台灣國安研究》調查。據美國之音報導，牛教授提供2022年的最新結果，這是12月9日至14日對台閩地區（含金門、馬祖）20歲以上成年人所做的調查，有效樣本數為1500份。見王嘉源，2022，「俄烏戰後 台灣人對美國出兵信心大減」。

該調查同時顯示,「若台灣維持現狀、不宣布獨立,但中國卻攻台」,台灣民眾對美國回應的答案中,還是以「只提供武器」的比率最高(34.7%),而認為美國可能「出兵援助」的比率為33.8%,明顯比以上台獨導致開戰的情況增加;「只提供軍事以外的援助」(10.7%)及「什麼都不做」(10.4%)的比率則對應稍降。

　　21世紀基金會在2023年2月所公布的「台海安全民調」顯示(潘維庭,2023),如果兩岸發生戰爭,台灣民眾被問及美國幫助台灣的方式,39.4%選擇「提供武器和物資」,13.6%選擇「不會協助台灣」,10.1%選擇「出兵來台協助作戰」;其他零星的答案包含「賣武器或物資」(8.9%)、「出兵巡邏嚇阻」(5.9%)、「聯合其他國家對中國大陸進行經濟制裁」(2.9%)、「免費提供武器或物資」(0.8%)、「無償提供金錢資助」(0.7%)、「當和事佬調解中台雙方」(0.5%),及「提供軍事貸款」(0.2%);另有17.0%受訪者無反應(包含拒答、看情形、無意見、不知道)。

　　美國對台灣獨立的可能性,如同第一與第二章所述,基本上可能的態度有三:

1. 維持現行「雙重阻卻」政策,不支持台灣獨立,也反對對岸單方面改變現狀。

2. 默認或允許台灣往法理獨立方向做出更進一步的舉措,例如修改兩岸人民關係條例,將「大陸地區」改為「中國地區」,將「大陸地區人民」改為「中國人民」等;甚而把憲法中的領土由「固有疆域」改為「現有疆域」等,希望台海因此發生衝突,以拖累中國大陸的崛起。

3. 鼓勵或甚至逼迫台灣採取往獨立方向更進一步的舉措,以便製造衝突,拖累中國大陸的崛起。

　　目前為止,美國官方的態度停留在以上第一個;在這種情況下,除非台灣違抗美國意志,要硬幹,就不會發生因台獨而導致的戰爭。如果為了拖累大陸的崛起,美國未來改採第二或第三個選項,或表面上說維持第一個選項,但私下默認、允許或鼓勵台灣往法理獨立(不論是否更改國名)的方向走,或至少打一些擦邊球,那情況當然有所不同。

　　在後者的情況下,如果發生戰爭,或進入戰爭前夕,美國會不會採取烏克蘭模式,只提供軍援而不介入,或採

取直接介入模式，各界未有定論。不過，不論美國如何介入，只要戰爭開打，一定會有很多不可控制、無法預見的可能性。眼睛打紅了，什麼事都可能發生，在過去歷次人類的戰爭有太多的經驗和教訓。所以，美國在是否從第一選項，改為第二或第三選項的過程中，一定會做很多的正負面的考量，不會輕易改變。

在這種情況下，如果期待台灣嘗試走向法理獨立而導致台海緊張時，美國的飛機、軍艦和軍人，可以站在台海的第一線，忍受犧牲，而台灣軍隊和人民可以安全地站在第二線，保住生命和財產，這個可能性微乎其微。剛好相反，而且如同第三章和本章章頭葛來儀引言所示，戰爭將不限於海灘，而是全島。

美國實際上不支持台獨，而台灣硬是要走向法理獨立時，美國幫忙打台獨代理戰爭的可能性幾乎沒有；即使美國選擇私下走第二或第三選項，「美國幫忙打台獨代理戰爭，台灣軍隊和人民可以袖手旁觀」的可能性，也幾乎不存在。

六、台灣會不會幫美國打一場拖累中國大陸崛起的代理戰爭？

那美國會不會期待台灣的軍隊和人民幫美國打一場拖累中國大陸崛起的「代理戰爭」？也就是美國軍隊不直接介入，或只付出很小的死傷，台灣軍隊和人民付出生命和財產，讓美國同時達到守住台灣和拖累中國大陸崛起的目的？

大多數台灣人民應該不會希望看到這樣的結果。但是在政治勢力的演變下，會不會走上這條路很難說。

事實上，中華民國和中華民國憲法的正當性已經受到「去中國化」運動的波及。有心政治人物所如果推動走向法理台獨的舉措，在許多台灣人民的眼中看起來可能無傷大雅，例如上述修改兩岸人民關係條例中「大陸地區」為「中國地區」，將「大陸地區人民」改為「中國人民」等；還有把憲法中的領土由「固有疆域」改為「現有疆域」……等。所以，選民有可能在不清楚的情況下，「夢遊」式或被「催眠」式地走入法理台獨。

要是美國不但默許或允許，而且鼓勵台灣走向法理獨立，即使當時當政者不想躁進，是否能找出方法游說美國

改弦易轍、改變美國的想法、轉化美國的壓力，也是未知數。所以，從學理分析上來看，這種代理戰爭的可能性無法排除。

這就更說明在台灣推動「和平主義」的重要性了。[26]上述和平主義的三個基石中，第三個就是「期待美中雙方維持既有和平架構、管控分歧」，而要做到這點，台灣應該對美國的知識界、政治界、輿論界發動影響力，讓美國可以維持和平[27]，而不會讓美中關係走向艾利森（2018）所說的那個「修昔底德陷阱」。[28]這有待於有心維持和平的政治人物、企業及民間團體、意見領袖等一起努力。

---

26 亦可參見：周陽山，2023，〈中美對弈 台灣不當棄子〉；楊永明，2023，「台灣要避免陷入代理人戰爭」。
27 見邵玉銘，2023/4/2，「疑美論 主戰場不在台灣在美國」，https://www.worldjournal.com/wj/story/121206/7072055 。
28 見朱雲鵬、歐宜佩（2019），《中美貿易戰：一場沒有贏家的對決》，台北：時報文化，第二篇。

第六章

給和平一個機會：你應當成為你所希望看到的改變

　　台灣得天獨厚的人文素養，少有人關注，我開始研究台灣、思考台灣的未來。台灣地理位置優越，不應成為東西矛盾的中心，而應以人文、科技的優勢，來促成世界和平的未來。

——林蒼生[1]

1　林蒼生（前統一集團總裁），2022，《隨便想想2.0: 台灣應以其文化素養，來引領人類往前走》，新北：和平國際。另見林蒼生，2021a，「我們是宇宙的小孩」，《聯合報》:「要慈悲，要有愛心，使自己體內細胞充滿正能量…當我們散發著正能量，正能量散布在宇宙中，將使宇宙變得更美好，那更美好是山川美麗、世界和諧的原因，也是細沙能成為美麗山川的最重要因素。」。林蒼生（2021b）亦言:「世界局勢雜亂，東西對立嚴峻，在這艱困時候，如果陽明心學能成為世界心學，正如大慧宗杲所言，在艱困中須有動處悟禪心學，那麼陽明心學將是未來濟世首選…只要心地光明，照古照今，所照之處，即是良知。良知永世長存，二十一世紀也應是致良知的世紀吧。」見：https://paper.udn.com/udnpaper/POE0022/364145/web/。

給和平一個機會（Give Peace a Chance）

——約翰・藍儂（John Lennon）[2]

2　約翰・藍儂：「給和平一個機會」為歌名，由John Lennon主唱，1969年
　　於加拿大錄製；見：https://www.youtube.com/watch?v=C3_0GqPvr4U。藍
　　儂為英國著名樂團披頭四創始成員之一。見Lennon，1969。

我們生活在和平裡習慣了，以為和平永遠會存在、和平是理性的必然，以為所有可能執政的政黨、所有台灣的政治人物都會設法維護和平。

　　希望這是事實，但眼前有太多的變化，讓我們不得不懷疑和平是否能長期維持。我們甚至認為，台灣已經走到一個路口，必須有足夠多的人、足夠多的團體，出來鼓吹和平，用行動來維護和平，和平才有一搏的機會。

一、國際局勢對和平的維護有不利因素

　　首先，是國際局勢的演變，對和平不利，尤其是美國和中國大陸的競爭。在這個競爭之下，美國長久所採的「雙重嚇阻」政策，也就是一方面不支持台灣獨立，一方面反對對岸用武力改變單方面現狀，目前還沒有變。但是未來是否會改變未可知。

　　愈來愈多的美國政治人物、意見領袖、智庫團體，傾向要用激烈的方法阻止中國大陸的崛起。我們在第一章中提到撰寫《美中注定一戰：中美能否避免修昔底德陷阱》（2018）一書的艾利森，在分析美國面對崛起中國所可能採取的幾個選項中，有一項就是：「支持西藏和台灣

獨立，進行網路滲透並發布敵意內容，美國軍隊⋯⋯訓練⋯⋯分離主義者，試圖造成中國內亂」。

我們在第二章中提到，美國有前任國防官員，名叫艾布里奇·柯比（Elbridge Colby；中文名柯伯吉）主張美國應該故意製造事端，激發中共開戰，而且迫使中共提高戰爭的規模，造成台灣平民的重大傷亡，激起美國及其盟國人民的公憤，於是協力抗中，進而拖累中國的崛起。

看起來，未來美國安排台灣幫它打一場「代理戰爭」的可能性不能被排除。如果看美國各種政治人物和意見領袖的言論，包含訪問過台灣的前國務卿龐佩奧和前國安顧問波頓，也包含諸多國會議員，都逐漸傾向激烈鷹派，也就是用激烈的手段對付中華人民共和國的崛起。

他們異口同聲地主張，台灣應該延長兵役，台灣應該全民備戰，最好每人發一把步槍；台灣應該變成彈藥庫，其中存有足夠的武器；台灣應該購買地雷⋯⋯等。這不是一個很好的跡象，這些是走向戰爭，而不是走向和平的跡象。當然，目前為止，無跡象顯示拜登政府將放棄雙重嚇阻，但隨著美國政局的變化，未來的發展很難預料。可以說，未來十年美國檢討現行政策是否需要改變的可能性，是過去五十年以來從未看過的局面。

搭載火山布雷系統（Volcano Mine System）的黑鷹直升機，2018年。來源：https://commons.wikimedia.org/wiki/File:UH-60_Blackhawk_with_Volcano_mine_system.jpg。

國軍參加2010年在美國舉辦之國際狙擊比賽（International Sniper Competition）；來源：https://commons.wikimedia.org/wiki/File:Defense.gov_photo_essay_101013-A-7341H-013.jpg。

二、台灣人民應該有選擇和平的主體性

我們的國家是中華民國，但中華民國並未在教科書裡被尊重，反而可能被誤認是外來政權或外國。我們在前文中說，這好比在台灣植入一個「嵌入式不穩定裝置」（built-in destabilizer），等待著發酵。等發酵到一個階段，台灣會有主張法理獨立的人希望「利用」美國，來打一場台灣獨立的「代理戰爭」。美國如上所述，則有可能希望「利用」台獨，來打一場拖累中國崛起的戰爭。兩股謀算結合起來，形成「相互代理」（mutual proxies），戰爭就成為必然，但最後結果是誰「利用」誰比較多，其實就是要看死傷的主要承受者是誰。

如果看各種智庫或團體所舉辦的歷次「兵棋推演」，就算美國直接參戰，保住了台灣，美國有所死傷，但最大的死傷將來自台灣的軍隊和台灣人民。非但如此，台灣將成為焦土一片，幾乎所有公共設施全毀。

這個不應當成為台灣人民的第一選擇。台灣人民有權

3　參見陳國祥，2022，「兩岸和平萬事興」；亦見俞敦平，2023，「李明：和平很難，戰爭簡單但不是台灣的道路」。

利選擇「和平主義」。[3]台灣人民必須站起來，維護自己的主體性，讓大多數人民的意志，成為公共政策。台灣人民不應當被政治人物擺布、欺騙或催眠。如果台灣人民選擇戰爭，那是人民的選擇；如果台灣人民沒有要這樣選擇，卻被迫、被騙、被催眠走入這條路，就是台灣人民主體性的淪喪。[4]

前英國披頭四樂團創始成員約翰・藍儂（John Lennon）1969 年排演其所創作的「給和平一個機會」曲；來源：https://commons.wikimedia.org/w/index.php?curid=44119817。

4　參見簡錫堦，2023/3/28，「和平為核心，兩岸人民不被操弄」，《聯合報》。

我們希望台灣人民睜大眼睛，看出來現有的國家和憲法，就是維護和平現狀的護國神山。我們希望愛好和平的台灣人民，能夠大聲地疾呼，大力地支持，維護中華民國的尊嚴，捍衛現有中華民國的體制和憲法不被毀壞。[5]

美國路易斯安那州新奧爾良市2011年Mardi Gras節之遊行車輛：「給和平一個機會」；來源：Infrogmation of New Orleans, CC BY 2.0 <https://creativecommons.org/licenses/by/2.0>, via Wikimedia Commons。

5　張登及，2022，「處變不驚，還是夢遊滑向戰爭？」，https://www.storm.mg/article/4482849?page=1。

三、第三代青年承受的台灣巨變

政府宣布延長服兵役的期間到一年，適用於民國94年元旦後出生、18歲的男子。在台灣的戰後歷史中，這些青年可以說是第三代。在這一代成長的過程中，世界和台灣已經產生了幾個巨變。[6]

1. 薪資上漲追不上物價、房價

第一個巨變是台灣的高經濟成長和高薪資成長不見了。在上二代，經濟成長如果是低於5％，或降到4％，就屬於不景氣。中小企業業主，提個小手提箱，帶著樣品，走遍世界，推銷產品；後來許多變成中型和大型企業。到這三代，經濟成長經常要追求「保二」，而薪資成長能夠超過通貨膨脹就值得慶祝。[7]

房價更是離譜。誠如作者在《從一本帳看懂經濟學》（2023）[8]中所言，現在年輕人所面臨的房價，以台北市為

6　請參考朱雲鵬，2023，「第三代青年承受的台灣巨變」，見：https://www.chinatimes.com/opinion/20230104004631-262104?chdtv，2023/1/4。

7　見林建甫，2019，「解決低薪困境 不能只靠基本工資調漲」，https://view.ctee.com.tw/analysis/11036.html。

8　朱雲鵬，2023，《從一本帳看懂經濟學：揭開人生和財富的奧秘》，台北：五南。

例，大約是第一代的35倍（64年左右北市中古屋平均每坪2萬元）、第二代的3.5倍（84年左右北市中古屋平均每坪20萬元）。除非有父母幫忙，他們畢其一生，不可能在人口密集的都會區買一間足可以結婚生子的房子。不止台北，新北、桃園都會區、新竹、台中、台南等，一樣飆漲。台灣的房價所得比，在世界居於前茅。

新加坡的土地比台灣的都市更狹小，但是這個國家可以讓七成的百姓住在買得起的「組屋」，也就是公有市場住屋裡。房價限定是所得的一定倍數，而且鼓勵三代同房；只是想要換房時，房屋須依一定價格指數，由政府買回。當我們的青年在為買不起房屋而煩惱、不願結婚生子時，新加坡的青年在求婚時，是這樣說的：「你願意和我一起去申請組屋嗎？」[9]

2. 人口減少、扶養比上升

第二個巨變，是人口結構改變。台灣人口的高峰是108年，其後逐年下降，預計到2050（民國139）年，也就是第三代青年成為中壯年之時，人口將成為兩千零五十萬人，

9　見黃瀞瑩，2022，https://news.tvbs.com.tw/life/1903579。

比高峰少了約310萬人，差不多等於整個台中市加嘉義市。

到了那一年，人口中三成八是65歲以上老年人，青壯年人占五成三，0-14歲人只剩下188萬。基本上，第三代青年那時平均每1人要扶養0.7位老人，和1.7位幼童，合計0.87位，負擔沉重。[10]

3. 公共債務負擔增加

依據政府的國債鐘，到112年7月底止，中央政府負債共約6兆，除以同月底全台成年人口數，平均每成年人負擔30萬7千元。不過，這不是故事的全部。近年來政府推出13項特別預算，合計2.5兆，到該月底止，這些特別預算中很多項還在執行中，還沒有舉債，但是以後會舉。

更嚴重的是「隱藏負債」。依據立法院預算中心111年度中央政府總預算案的整體評估，公部門的隱藏負債接近16兆。其中比較大項的有勞保：依照目前的平均壽命、人口趨勢和給付標準，未來勞保將虧損約11兆；事實上，依照勞保的現金流，除非政府增加撥補，到民國117年就

---

10 要處理這個問題，需要教育和科技，見丁學文，2023，「克服高齡少子化危機 提升教育和科技是重點」，https://forum.ettoday.net/news/2514012。

會破產。其他比較大的隱藏債務還有公務人員退撫、公保、國民年金、農保、健保等。

這還不止，以上隱藏負債多屬非營利性質的非營業作業基金。屬於營業基金的國營事業，也有負債。由於政府不准台電的電價隨著成本的提高而提高，包含核電除役、再生能源設置、天然氣發電比重增加、燃料（煤、油、氣）價格上漲等，使得台電的累積虧損預計到112年年底將達到4000億。

所有這些顯性或隱性負債，都必須由未來的世代負擔，包含第三代以及其後各代青年。

4. 全球暖化與溫室氣體

2023年的7月第一週，全球日均溫度達到攝氏17.23度，創下10萬年來的紀錄。[11]這與聖嬰現象有關，但也和全球暖化脫不了關係。台灣也不能倖免，依據氣象局資料，過去平均2~3年才會有一個夏天飆破38度，但近10年縮短為每隔1到2年，就出現一個飆破38度的夏天。進入112年7月後，台灣每天都有10多個縣市發出高溫警報（36度以上）。

---

11 來自美國國家環境預報中心，見潘姿吟，2023，https://esg.ettoday.net/news/2541335。

2015年聯合國氣候變遷大會在巴黎通過了協定，史稱「巴黎協定」，要求各國努力，將未來地球平均溫度的上升，控制在比工業革命前高不到攝氏2度，最好是攝氏1.5度的範圍內。要達到這點，各國溫室氣體排放（扣除捕捉）的淨量，應該在2030年至少降到2010年的五成五，而應在2050年前達到零。[12]

政府也在111年3月及12月分別公布「臺灣2050淨零排放路徑及策略總說明」及「12項關鍵戰略行動計畫」，並於112年1月核定「淨零排放路徑112-115年綱要計畫」。《溫室氣體減量及管理法》修正草案則於112年1月經立法院三讀通過，名稱修正為《氣候變遷因應法》，並納入2050年淨零排放目標。[13]

目前台灣能源主要依賴煤和天然氣，二者都是溫室氣體的排放來源。對於第三代的青年而言，未來的可能選擇路徑有：全部改成太陽能、風力等再生能源，付出高電價；繼續使用傳統核電；能源創新使得小型核電或甚至核融合發電均成為可能。

---

12 United Nations, 2022, https://www.un.org/en/climatechange/net-zero-coalition。
13 游念育、姚志平，2023，https://unfccc.int/process-and-meetings/the-paris-agreement。

5. 中學教科書「去中華民國化」

在第三代青年父執輩的年代，基於反攻大陸的理念，歷史和地理課本以中國為中心。到了現在，課本厲行「去中華民國化」和「去中國化」。中國就像是一碗湯，中華民國是湯裡面一個元素，在把湯倒掉的同時，只能把中華民國的歷史一併倒掉。附帶地，也把中華文化和倫理道德消弭了。

第三代青年的父祖輩在成長過程開始有獨立思考能力後，會去想為什麼國家的統治範圍不及於史地課本裡所說台灣以外的34個省？第三代青年開始有獨立思考能力後，也會開始想為什麼國號叫作中華民國，為什麼國旗是青天百日滿地紅。為了好奇，有些會開始閱讀中華民國過去的完整歷史，以及了解生活文化的根源。不過，對大多數青年而言，先入為主的觀念就是，「中國」限定於專指「中華人民共和國」，是外國，而中華民國是一個在台灣缺乏正當性的外來政權。

6. 發生戰爭的可能性需要考慮

誠如黃齊元（2023）所言，台灣不止工商業有五缺的問題，也有欠缺安全的問題。[14]和平有可能在眼前消逝，

戰爭有可能發生。兵役延長，從四個月延長到一年，是最新的發展。和第一代相同的是，由抽籤決定誰當步兵、陸戰隊、海軍、裝甲、傘兵……等。和第一代不同的是，第三代青年不再有機會當義務役的預備軍官。

　　而且，當前台灣備戰準備的型態和過去已經有所不同。過去的目標是把來犯者擋在境外，或至少是在海岸。近幾年來，備戰的準備擴大到島內作戰、全民作戰。國防部於111年3月推出後備軍人的「新制教召」，除了將原本7天的召期延長至14天外，也加強了教召訓練的強度，例如機槍打靶子彈數從33發增加到69發、戰鬥教練時數從12小時增加到56小時……等。[15]另外，據報導，憲兵部隊規模將逐年自現行5600人，擴編至1萬1000人，保二總隊

14　黃齊元，2023，「台灣不止五缺 更缺安全」，https://wantrich.chinatimes.com/news/20230420900035-420101。

15　依據報導者（2022）報導：「2018年11月，美國在台協會主席莫健（James Moriarty）於美台國防工業會議（U.S.-Taiwan Defense Industry Conference）上，首次公開建議國軍應該動手改革後備部隊。從2017年至2021年在全民防衛動員室以少將階級任職主任的韓岡明，親身參與了台灣國軍計劃改革後備軍力的討論與起步。接受《報導者》專訪時，他指出，是美國與國內軍事專家批評的雙重壓力下，讓政府啟動了後備軍人的改革。」見楊智強，2022，https://www.twreporter.org/a/national-defense-reform-refresher-training。

亦將擴編，以「強化保護關鍵基礎設施，預計要培育戰訓種子教官，接受國防訓練，訓練5500名具有反恐、平戰轉換能力的員警。」[16]

應該沒有人希望看到戰爭，但是對於台海發生戰事的討論，無論是在國際上或本地，都愈來愈多，而備戰的準備也愈來愈積極。這使得第三代青年在對其未來人生的想像中，多出一個變數。

四、如何提高台灣平台？

筆者在早年擔任一所技職體系大學的校長時，曾經邀請前英業達副董事長溫世仁前來學校指導和演講。溫先生在演講中除了表達希望學校課程設計可以考慮企業界的實際需求外，還提出一個重要的觀念：「台灣平台」。

他說，依據統計，美國大學畢業生的平均薪資，大約是日本的兩倍，是印度的8倍。那是因為美國大學畢業生的素質，包含個人能力、技能水準、知識水準等，是日本畢業生的兩倍，印度的八倍嗎？顯然不是，三國畢業生的

16　見張曜麟，2023，https://www.storm.mg/article/4781447。

個人的平均能力和知識水準可能大同小異，但一個人放在不同的地方，就有不同的生產力和薪資表現，因為，每個地方都有一個「平台」，所有的畢業生，都是站在這個平台上，開始發揮才能，獲得薪資。美國的平台比日本高，日本的又比印度高。

平台是什麼？就是既有的基礎。包含文化、社會、法令、制度、基礎建設、市場、生產組織、企業種類和規模……等。台灣的畢業生要能夠有高的生產力，除了增強自己的能力外，還必須立基於「台灣平台」的墊高。

提高台灣平台，重點就在於發揚台灣既有的優勢條件。在當時溫先生的眼中，台灣可以發展為亞太乃至全球的創新、貿易和集資中心。自由的風氣、貿易的歷史和經驗，以及活絡的資本市場和創業投資環境，就是建立這三個中心的利基。台灣所擁有的潛在優勢，當然還不只這些。還有地理優勢、產業優勢、國際連結優勢……等。這些都值得發揚光大。

要提高台灣平台，當然也需要解決前一節所述各種巨變帶來的挑戰。如果不能成功面對和因應這些巨變，台灣的平台不但不能提高，反而會下降。

最後，台灣平台高度的維持或者提升，還有一個元素

非常重要，就是我們的國家——中華民國，包含中華民國的憲法、歷史、語言和文化；楊儒賓（2023）在其《思考中華民國》一書中有很好的詮釋。[17]憲法是制度，歷史、語言和文化則是伴隨我們生長的環境和環繞在生活四週的元素。各代青年以這些元素作為基礎，來追尋生命意義，進而了解自己、發揚自己，不但能夠提高台灣平台，也可以提升自己的高度。

五、你應當成為你所希望看到的改變

出生不論在那一代，有一點都是相同的，就是在成長的過程中，都必須不斷地學習、不斷地進步，才能成功。

1862年美國總統林肯（Abraham Lincoln）在對國會的演說中，曾這樣說：「平靜的舊日的信條已不適用於天翻地覆的今天。 今天的局勢危難重重，我們必須肩負起歷史的使命。 面對前所未有的局勢，我們必須有新思維、新行動。 我們必須解放自己，而後解救國家」[18]

---

17 台北：聯經出版。
18 見U. S. National Park Service, 2021,https://www.nps.gov/foth/lincoln-s-legacy-the-eloquent-president.htm。

現在的台灣也是一樣。我們需要新的思維；不能再因循過去，也不能把和平視為當然；我們必須想出方法，讓「和平主義」在台灣有實現的機會。

　　印度的英雄甘地（Mahatma Gandhi）曾說：「我們只不過是世界的鏡像。外部世界的所有傾向都能在我們自身所在的世界裡找到。如果可以改變自己，那麼外部世界的傾向也會相應改變。」有人把這句話簡化為：「你應當成為你所希望看到的改變」。改變世界，從改變自己做起。

　　有心追求和平的人，每個人都可以發揮自己的權利、能力和影響力，在台灣、在美國、在全世界各地，做出有助於和平的舉動，給和平一個機會。

參考書目

【中文部分】

丁學文，2023，「克服高齡少子化危機　提升教育和科技是重點」，《ETtoday雲論》，https://forum.ettoday.net/news/2514012。

中央社，2020，「蓬佩奧發表中國政策演說，稱自由世界可再次戰勝暴政」，《中央通訊社》，2020/7/24，https://www.cna.com.tw/news/firstnews/202007245008.aspx。

中央社，2023，「強調避戰 邱國正：台海戰場已無前後方一旦開打真的很慘」，https://udn.com/news/story/10930/7189305。

尹啟銘，2023，《晶片對決：台灣經濟與命運的生存戰》，台北：天下。

王嘉源，2022，「俄烏戰後 台灣人對美國出兵信心大減」，《中時新聞網》，2022/12/25，https://www.chinatimes.com/newspapers/20221225000254-260118?chdtv。

王慶偉，2022，「烏台兩熱點 美國寫劇本？」，《星島日報》，2022/3/6，https://www.singtaousa.com/2022-03-06/%e7%83%8f%e5%8f%b0%e5%85%a9%e7%86%b1%e9%

bb%9e-%e7%be%8e%e5%9c%8b%e5%af%ab%e5%8a
%87%e6%9c%ac%ef%bc%9f/3960927#page6，https://
johnmenadue.com/strategists-admit-west-is-goading-
china-into-war/。

艾利森（Graham Allison）原著，包淳亮譯，2018，《注定一
戰？中美能否避免修昔底德陷阱》，台北：八旗。

朱斐青，2023，「金融戰攻擊美國？日中『齊拋美債』單月
減持304億　中國持倉破13年來低點」，《風傳媒》，
2023/7/19，https://www.storm.mg/lifestyle/4835720。

朱雲鵬、歐宜佩，2019，《中美貿易戰：一場沒有贏家的對
決》，台北：時報。

朱雲鵬、吳崇涵、歐宜佩，2020，《美國夢的破碎與重建：從
總統大選看新冷戰與國家學習能力》，台北：時報。

朱雲鵬，2023，《從一本帳看懂經濟學：揭開人生和財富的奧
祕》，台北：五南。

朱雲鵬，2023/1，「第三代青年承受的台灣巨變」，《中時新聞
網》，https://www.chinatimes.com/opinion/ 20230104004
631-262104?chdtv。

朱雲鵬，2023/6，「辜汪共識無法否定 兩岸復談一念間」，《中
時新聞網》，2023/6/21，https://www.chinatimes.com/
opinion/20230621005098-262104?chdtv。

朱雲鵬，2023/7，「台灣出口成長為何連十黑？」，《中時

新 聞 網 》，2023/7/19，https://www.chinatimes.com/
opinion/20230719005064-262104?chdtv。

吳崇涵，2018，「中美競逐影響力下的臺灣避險策略」，《歐美
研究》第48卷第4期，頁513-547。台北：中央研究
院歐美研究所。

吳靜君，2023，「施振榮：只要不戰爭 台灣半導體會一直
領先」，《中時新聞網》，https://www.chinatimes.com/
newspapers/20230516000419-260110?chdtv。

周天瑋，2023，「G7對中大轉變 去風險取代脫鉤」，《中
國 時 報 》，2023/5/23，https://www.chinatimes.com/
newspapers/20230523000513-260109?chdtv。

周祝瑛，2023，「追憶黃光國，以立言行動關心國事」，《聯
合 新 聞 網 》，2023/8/1，https://udn.com/news/story/73
39/7338045。

邵玉銘，2023，「疑美論 主戰場不在台灣在美國」，《世界
新 聞 網 》，2023/4/2，https://www.worldjournal.com/wj/
story/121206/7072055。

林彥臣，2023，「白宮前顧問歐布萊恩：台灣應教全民使
用『AK47步槍』」，《ETtoday新聞雲》，2023/3/25。
https://www.ettoday.net/news/20230325/2466842.
htm#ixzz7y1WoRIEi。

林建甫，2019，「解決低薪困境 不能只靠基本工資調漲」，

《工商時報》，2019/8/15，https://view.ctee.com.tw/anal ysis/11036.html。

周陽山，2023，「中美對弈 台灣不當棄子」，《中時新聞網》，2023/6/7，https://www.chinatimes.com/opinion/20230 607004634-262104?chdtvU。

林蒼生，2021a，「我們是宇宙的小孩」，《聯合報》，2021/5/2。

林蒼生，2021b，「現代心學：王陽明」，《聯合報》，2021/5/10。

林蒼生，2022，《隨便想想2.0: 台灣應以其文化素養, 來引領人類往前走》，新北：和平國際。

段心儀，2023，「108課綱問題未解 118課綱怎麼編」，《聯合報》2023/6/14，https://udn.com/news/story/7339/72334 66。

柯伯吉（Elbridge Colby）原著，李永悌譯，2022，《拒止戰略》，台北市：國防部。

施明德，2002，《無私的奉獻者／狂熱的革命者──。施明德》，台北：天下文化。

施明德（推薦文），黃年著，2015，《蔡英文繞不繞得過中華民國：杯子理論與兩岸未來》，台北：天下文化。

美國之音，2021，「『他是拜登亞太政策的四分衛！』前朝老將坎博接任『亞洲沙皇』，對印太事務將有何影響」，《風傳媒》，2021/1/15。https://www.storm.mg/

article/3390900。

姚惠茹，2023，「荷蘭公布半導體設備管制措施！限制 DUV 曝光機出口到中國」，《科技新報》，2023/6/30，https://technews.tw/2023/06/30/duv/。

胡為真，2001，《美國對華「一個中國」政策之演變：從尼克森到柯林頓》，台北：臺灣商務印書館。

俞敦平，2023，「李明：和平很難　戰爭簡單但不是台灣的道路」，《台灣中評網》，2023/3/21，http://www.crntt.tw/doc/1066/2/7/1/106627163.html?coluid=93&kindid=3851&docid=106627163。

馬英九口述、蕭旭岑著，2018，《八年執政回憶錄》，台北：天下文化。

徐斯勤、陳德昇，2011，《東亞區域經濟整合與ECFA效應：台韓商大陸市場競合與挑戰》，台北：印刻。

徐薇婷，2023，「美參院外委會通過法案　就中共侵台擬定制裁策略」，中央社2023/6/9報導，https://www.cna.com.tw/news/aipl/202306090008.aspx。

財經M平方，2023，「中國-外匯存底」，https://www.macromicro.me/collections/31/cn-finance-relative/936/china-foreign-exchange-reserves。

陳文茜，2023，「戰略模糊?戰略清晰? 拜登兩岸政策的投機混亂」，2023/6/25，https://www.youtube.com/watch

?v=U92HkZQm5YY。

陳民峰，2021，「馬英九：兩岸互不承認主權互不否認治權」，RFI（法國國際廣播電台），2021/3/10，https://www.rfi.fr/tw/%E4%B8%AD%E5%9C%8B/20110310-%E9%A6%AC%E8%8B%B1%E4%B9%9D%EF%BC%9A%E5%85%A9%E5%B2%B8%E4%BA%92%E4%B8%8D%E6%89%BF%E8%AA%8D%E4%B8%BB%E6%AC%8A%E4%BA%92%E4%B8%8D%E5%90%A6%E8%AA%8D%E6%B2%BB%E6%AC%8A。

陳立恆，2023，「明明能當受益人　偏偏想當被害者」，《聯合報》，2023/3/24，https://www.franzcollection.com.tw/tw/news/all/CEO20230324。

陳國祥，2022，「兩岸和平萬事興」，《風傳媒》，2022/12/31，https://www.storm.mg/article/4678968?page=1。

國貿局，2022，「為克服國際金融制裁 俄羅斯推動自訂的金融信息傳輸系統」，2022/4/18，https://www.trade.gov.tw/Pages/Detail.aspx?nodeID=45&pid=741123。

張登及，2022，「處變不驚，還是夢遊滑向戰爭？」，《風傳媒》，2022/8/22，https://www.storm.mg/article/4482849?page=1。

張興華，2015，「人民幣跨境支付系統（一期）成功上線運行」，2015/10/8，https://www.gov.cn/xinwen/2015-10/08/

content_2943303.htm。

張燦鍙，2017，「海外台獨聯盟發展的背景及其影響」，《台灣獨立建國聯盟》，2017/4/15，https://www.wufi.org.tw/%E6%B5%B7%E5%A4%96%E5%8F%B0%E7%8D%A8%E8%81%AF%E7%9B%9F%E7%99%BC%E5%B1%95%E7%9A%84%E8%83%8C%E6%99%AF%E5%8F%8A%E5%85%B6%E5%BD%B1%E9%9F%BF/。

張曜麟，2023，「保二總隊擴編成『第二陸軍』？ 國防部回應了」，《風傳媒》，2023/4/26，https://www.storm.mg/article/4781447。

許詠晴，2023，「『最挺台』反中大將波頓26日訪台 外交部證實：將參加世台會及FAPA晚會」，《Newtalk新聞》，2023/4/25，https://tw.stock.yahoo.com/news/%E6%9C%80%E6%8C%BA%E5%8F%B0-%E5%8F%8D%E4%B8%AD%E5%A4%A7%E5%B0%87%E6%B3%A2%E9%A0%9326%E6%97%A5%E8%A8%AA%E5%8F%B0-%E5%A4%96%E4%BA%A4%E9%83%A8%E8%AD%89%E5%AF%A6-%E5%B0%87%E5%8F%83%E5%8A%A0%E4%B8%96%E5%8F%B0%E6%9C%83%E5%8F%8Afapa%E6%99%9A%E6%9C%83-074618235.html。

麥燕庭，2022，「周小川指人民幣CIPS難以取代SWIFT　促

勿令國際支付系統作冷戰」，RFI，2022/4/18，https://
ctee.com.tw/news/china/629435.html。

連戰，2023，《連戰回憶錄》，上冊《我的永平之路》，下冊
《從破冰到永平》，台北：天下文化。

黃光國，2005，《一中兩憲：兩岸和平的起點》，台北：時報
文化。

黃光國，2015，「以臺灣精神作為文化中國的靈魂」，《台大
校訊》，https://sec.ntu.edu.tw/epaper/article.asp?num=12
41&sn=13783。

黃年，2015，《蔡英文繞不繞得過中華民國：杯子理論與兩岸
未來》，台北：天下文化。

游念育、姚志平，2023，「《氣候變遷因應法》三讀通
過　目標2050淨零排放」，《中時新聞網》，https://
www.chinatimes.com/realtimenews/20230110003652-
260407?chdtv#google_vignette。

游常山，2003，「萬言書痛批教改」，《遠見》，2003/8/1，
https://www.gvm.com.tw/article/8725。

湯偉洋、蔡娟琦、劉潤雨、李紫萱、宋思賢，2022，「生物醫
療企業美國貿易合規重點評述」，《君合》，2022/3/3，
https://junhe.com/legal-updates/1701。

黃煌雄，2015，《蔣渭水傳：台灣的孫中山》，台北：時報文
化。

黃煌雄等編著，2017，《三代台灣人：百年追求的現實與理想》，新北：遠足文化。

黃齊元，2023，「台灣不止五缺 更缺安全」，《工商時報》，2023/4/20，https://wantrich.chinatimes.com/news/20230420900035-420101。

黃瀞瑩，2022，「住者有其屋！新加坡80%人『住組屋』買房不是夢」，《TVBS新聞網》，2022/9/12，https://news.tvbs.com.tw/life/1903579。

楊永明，2023，「台灣要避免陷入代理人戰爭」，《中時新聞網》，2023/4/28，https://www.chinatimes.com/opinion/20230428005482-262103?chdtv。

楊智強，2022，「史上最硬教召開跑：台灣後備戰力改革何去何從？」，《報導者The Reporter》，2022/5/24，https://www.twreporter.org/a/national-defense-reform-refresher-training。

楊儒賓，2023，《思考中華民國》，台北：聯經。

溫貴香，2022，「美前防長艾斯培：一中政策已無用 要遠離戰略模糊」，中央社2022/7/19報導，https://www.cna.com.tw/news/aipl/202207190088.aspx。

趙建民，2023，「九二共識是兩岸和平契機 定要把握」，《中國評論通訊社》，2023/4/28。

蔡同榮，1990，《我要回去》。高雄：敦理出版社。

劉忠勇，2023，「美前國安顧問：美寧摧毀台灣台積電工
　　廠，不容落入中共之手」，《經濟日報》，2023/3/14，
　　https://udn.com/news/story/6813/7029949?from=udn-
　　catehotnews_ch2。

劉宛琳，2023，「連戰盼兩岸和平：願天佑深愛的台灣子孫
　　不再受戰火波及」，《聯合新聞網》，2023/2/7，https://
　　udn.com/news/story/6656/6955883。

劉憶如，2023，「台灣出口連十黑：不只景氣差，更應關注
　　結構改變」，天下經濟論壇夏季場 ，《天下》，https://
　　www.cw.com.tw/article/5126656。

潘姿吟，2023，「7月第一週『熱』破10萬年紀錄　專家：
　　明年會更熱」，2023/7/17，https://esg.ettoday.net/
　　news/2541335。

潘維庭，2023，「最新『台海安全民調』出爐　僅1成民眾認
　　為若兩岸戰爭美會派兵來台」，《風傳媒》，2023/2/17，
　　https://www.storm.mg/article/4735562?mode=whole。

鄭浪平，1994，《一九九五閏八月：中共武力犯台世紀大預
　　言》，台北：商周文化。

德國之聲中文網，2022，「專訪葛來儀：臺灣應貫徹不對稱作
　　戰」，2022/3/14，https://www.dw.com/zh/%E5%B0%88
　　%E8%A8%AA%E8%91%9B%E4%BE%86%E5%84%8
　　0%E5%8F%B0%E7%81%A3%E6%87%89%E8%B2%A

B%E5%BE%B9%E4%B8%8D%E5%B0%8D%E7%A8
%B1%E4%BD%9C%E6%88%B0/a-61114773。

藍孝威、陳冠宇、周毓翔，2023，「馬：台灣地區大陸
　　地區都是中華民國　都是中國」，《中時新聞網》，
　　2023/4/23，https://www.chinatimes.com/news
　　papers/20230403000169-260118?chdtv。

簡錫堦，2023，「和平為核心，兩岸人民不被操弄」，《聯合
　　報》，2023/3/28。

蘇宏達，2023，「台灣必須爭取加入印太經濟架構」，《遠見》，
　　2023/5/29，https://www.gvm.com.tw/article/103119。

蘇起，2014，《兩岸波濤二十年紀實》，台北：天下文化。

嚴震生，2019，「為矛盾中的兩岸關係找一條和平的路」，
　　2019/9/21，https://www.youtube.com/watch?v=8w
　　RwlgALx6M。

【英文部分】

Arin, Kubilay Y., 2013, "Think Tanks, the Brain Trusts of
　　US Foreign Policy," https://link.springer.com/chapt
　　er/10.1007/978-3-658-02935-7_1。

Asia Society (The Task Force on US-China Policy), 2022,
　　"Avoiding War Over Taiwan: Policy Brief by the Task
　　Force on US-China Policy," Oct. 13, 2022, https://

asiasociety.org/sites/default/files/2022-10/2022-avoiding-war-over-taiwan.pdf.

Asmus, Ronald D. and associates, 2003, *Progressive Internationalism: A Democrat National Security Strategy*, Progressive Policy Institute, https://web.archive.org/web/20051216065504/http:/www.ppionline.org/documents/Progressive_Internationalism_1003.pdf.

Baker, Nick, and Tom Switzer, 2022, "John Bolton Urges the US and Others to 'Consider Taiwan an Independent Country'," ABC RN Between the Lines, August 28, 2022, https://www.abc.net.au/news/2022-08-28/john-bolton-on-taiwan-china-donald-trump/101377348 。

BBC, 2023, "What Are the Sanctions on Russia and Are They Hurting Its Economy?" May 25, 2023, https://www.bbc.com/news/world-europe-60125659.

Bender, Bryan, and Theodoric Meyer, 2020, "The Secretive Consulting Firm That's Become Biden's Cabinet in Waiting," *Politico*, November 23, 2020, https://www.politico.com/news/2020/11/23/westexec-advisors-biden-cabinet 440072.

Bertaut, Carol, Bastian von Beschwitz, and Stephanie Curcuru, 2023, "The International Role of the U.S. Dollar," (Post-

COVID Edition) , Board of Governors of the Federal Reserve System: *FEDS Notes*, June 23, 2023, https://www.federalreserve.gov/econres/notes/feds-notes/the-international-role-of-the-us-dollar-post-covid-edition-20230623.html.

Boland, Barbara, 2020, "Top 50 U.S. Think Tanks Receive Over \$1B from Government Defense Contractors," *The American Conservative*, Oct 14, 2020, https://www.theamericanconservative.com/swamp-report-top-50-u-s-think-tanks-receive-over-1b-from-gov-defense-contractors/.

Bolton, John, 2020, *The Room Where It Happened: A White House Memoir*, NY: Simon & Schuster.

Bureau of Industry and Security, U.S. Department of Commerce, 2023, "Export Administration Regulations," https://www.bis.doc.gov/index.php/regulations/export-administration-regulations-ear.

Bureau of International Security and Nonproliferation, U.S. Department of State, 2017, "Overview of U.S. Export Control System," https://2009-2017.state.gov/strategictrade/overview/index.htm.

Bush, Richard, 2021, *Difficult Choices, Taiwan's Quest for*

Security and the Good Life, Washington, D.C.: Brookings.

Carpenter, Ted G., 2019, "Wrong: Trump Is Not an Isolationist," Cato Institute, June 23, 2019, https://www.cato.org/commentary/wrong-trump-not-isolationist.

Carter, Jimmy, 2019, "Carter Talks Trump, China and Leadership at Church," Maranatha Baptist Church in Plains, Georgia, June 10, 2019, https://www.youtube.com/watch?v=NKHyz5iI2V4.

Cho, Arnie, 2022, "China's CIPS is the Biggest Winner with Russia Blocked from SWIFT," *Electronic Payments International,* March 24, 2022, https://www.electronicpaymentsinternational.com/comment/china-cips-russia-exclusion-swift/?cf-view&cf-closed.

Christensen, Thomas J. and associates, 2022, "How to Avoid a War Over Taiwan: Threats, Assurances, and Effective Deterrence," *Foreign Affairs,* Oct. 13, 2022, https://www.foreignaffairs.com/china/how-avoid-war-over-taiwan.

Clark, Christopher M., 2013, *The Sleepwalkers: How Europe Went to War in 1914,* N.Y.: HaperCollins.

Clinton, Bill, 2004, *My Life,* NY: Knopf.

Colby, Elbridge, 2019, "The Implications of China Developing a World-class Military: First and Foremost a Regional

Challenge," Testimony Submitted to the U.S.-China Economic and Security Review Commission, CNAS, June 20, 2019, https://www.cnas.org/publications/congressional-testimony/the-implications-of-china-developing-a-world-class-military-first-and-foremost-a-regional-challenge.

Colby, Elbridge, 2021, *The Strategy of Denial: American Defense in an Age of Great Power Conflict*, New Haven: Yale University Press。

Davis, Bob, 2023, "Mike Pompeo on Sounding the Alarm about China," *The Wire*, March 19, 2023, https://www.thewirechina.com/2023/03/19/mike-pompeo-on-sounding-the-alarm-about-china/.

deLisle, Jacques, 2023, "US-Taiwan Relations in 2022 and 2023: The Good, the Bad, and It Could Get Ugly," *Taiwan Insight*, https://taiwaninsight.org/2023/01/05/us-taiwan-relations-in-2022-and-2023-the-good-the-bad-and-it-could-get-ugly/.

Freeman, Ben, 2020, "U.S. Government and Defense Contractor Funding of America's Top 50 Think Tanks," Center for International Policy, https://3ba8a190-62da-4c98-86d2-893079d87083.usrfiles.com/ugd/3ba8a1_c7e3bfc7723d40

21b54cbc145ae3f5eb.pdf.

Freeman, Ben, 2023, "Defense Contractor Funded Think Tanks Dominate Ukraine Debate," June 1, 2023. Quincy Institute for Responsible Statecraft, https://quincyinst.org/report/defense-contractor-funded-think-tanks-dominate-ukraine-debate/.

Heilbrunn, Jacob, 2023, "Elbridge Colby Wants to Finish What Donald Trump Started," *Politico*, April 11, 2023, https://www.politico.com/news/magazine/2023/04/11/tucker-carlson-eldridge-colby-00090211.

Johnston, Alastair I., Chia-hung Tsai, and George Yin, 2023, "When Might US Political Support Be Unwelcome in Taiwan?" Brookings, April 5, 2023, https://www.brookings.edu/articles/when-might-us-political-support-be-unwelcome-in-taiwan/.

Lennon, John, 1969, song, "Give Peace a Chance," https://www.youtube.com/watch?v=C3_0GqPvr4U.

Li, Jenny, 2023, "Taiwan's Defense Dilemma," *The Diplomat*, June 17, 2023, https://thediplomat.com/2023/06/taiwans-defense-dilemma/.

Mathews, Jessica T., 2021, "The Strategy of Denial: American Defense in an Age of Great Power Conflict: Book

Review," *Foreign Affairs*, https://www.foreignaffairs. com/reviews/capsule-review/2021-12-14/strategy-denial-american-defense-age-great-power-conflict?gcl id=Cj0KCQjwocShBhCOARIsAFVYq0gV15Ijzh-JE_ onwdGvvw70dVn-TDC7bZUTwHRJBCdhNjINDqLu__ saAjVbEALw_wcB December 14, 2021, Review.

Mead, Walter R., 2018, "Trump Is No 'Isolationist'," Hudson, Oct 24, 2018, https://www.hudson.org/foreign-policy/ trump-is-no-isolationist.

Miller, Chris, 2022, *Chip War: The Fight for the World's Most Critical Technology*, N.Y.: Scribner.

Nye, Joseph S, Jr, 2023, "Are We on the Brink of a Cold – or Hot – War between the US and China?" *Irish Examiner*, March 2, 2023, https://www.irishexaminer.com/opinion/ commentanalysis/arid-41083801.html.

Silver, Laura, Christine Huang, and Laura Clancy, 2022, "How Global Public Opinion of China Has Shifted in the Xi Era," Pew Research Center, Sept. 28, 2022, https://www. pewresearch.org/global/2022/09/28/how-global-public-opinion-of-china-has-shifted-in-the-xi-era/.

Peng, Ming-Min, 1972, *A Taste of Freedom: Memoirs of a Formosan Independence Leader*, N.Y.: Holt, Rinehart and

Winston.

Petti, Matthew, 2019, "Pompeo Goes Full Neocon: Secretary of State Mike Pompeo Pivots Back from America First," *The National Interest,* November 18, 2019. https://nationalinterest.org/feature/pompeo-goes-full-neocon-97432.

Pompeo, Mike, 2023, *Never Give an Inch: Fighting for the America I Love*, Northampton, MA: Broadside Books.

Roussinos, Aris, 2011, "Could We Win a War in China: Forcing Beijing to Escalate Could Be in Our Interests," *UnHerd,* November 9, 2011, https://unherd.com/2021/11/should-we-force-china-into-war/.

Rudd, Kevin, 2022a, "How to Stop China and the US Going to War," *The Guardian*, April 7, 2022, https://www.theguardian.com/world/2022/apr/07/how-to-stop-china-and-the-us-going-to-war.

Rudd, Kevin, 2022b, *The Avoidable War: The Dangers of a Catastrophic Conflict Between the US and Xi Jinping's China*, N.Y.: PublicAffairs。

The Economist, 2023, "A Conversation with Henry Kissinger," May 17, 2023, https://www.economist.com/kissinger-transcript.

Thornton, John, 2023, "Distinguished Lecture: Navigating the Future of US-China Relations," *Texas Science*, April 28, 2023, https://www.youtube.com/watch?v=kgUX82Vh_8I.

U.S. Department of Defense, 2018, *Summary of the 2018 National Defense Strategy*, https://dod.defense.gov/Portals/1/Documents/pubs/2018-National-Defense-Strategy-Summary.pdf.

U.S. National Park Service, 2021, "Lincoln's Legacy: The Eloquent President," National Park Service of the US, April 28, 2021, https://www.nps.gov/foth/lincoln-s-legacy-the-eloquent-president.htm.

United Nations, 2022, "For a Livable Climate: Net-zero Commitments Must Be Backed by Credible Action," https://www.un.org/en/climatechange/net-zero-coalition.

United Stated Census Bureau, "U.S. International Trade in Goods and Services (FT900)," https://www.census.gov/foreign-trade/Press-Release/current_press_release/index.html.

Vittachi, Nury, and Phill Hynes, 2021, "Strategists Admit West is Goading China into War," *Pearls and Irritations*, Dec. 1, 2021, https://johnmenadue. com/strategists-admit-west-is-goading-china-into-war/. 中文翻譯見:「戰略家承認西方正在煽動

中 國 開 戰 」，《 洞 傳 媒 》，https://taiwandomnews. com/%E5%85%A9%E5%B2%B8/18637/，2021/12/17。

Wertheim, Stephen, 2017, "Quit Calling Donald Trump an Isolationist. He's Worse Than That," *The Washington Post*, February 17, 2017.

Wheeler, Winslow and Pierre Sprey, 2020, "Should Michèle Flournoy Be Secretary of Defense?" Project On Government Oversight, November 20, 2020, https://www. pogo.org/analysis/2020/11/should-michele-flournoy-be-secretary-of-defense.

Zakaria, Fareed, 2023, "Washington Has Succumbed to Dangerous Groupthink on China," *The Washington Post*, March 2, 2023, Opinions, https://www.washingtonpost. com/opinions/2023/03/02/china-hearings-bipartisan-hysteria/.

Ziemer, Gregor, 1941, *Education for Death: The Making of the Nazi*, Oxford: Oxford University Press.

歷史與現場 346

給和平一個機會

作　　者—朱雲鵬
圖表提供—朱雲鵬
書名題字—馬英九
責任編輯—廖宜家
主　　編—謝翠鈺
行銷企劃—陳玟利
美術編輯—李宜芝
封面設計—斐類設計工作室

董 事 長－趙政岷
出 版 者－時報文化出版企業股份有限公司
　　　　　10819 台北市和平西路三段 240 號 7 樓
　　　　　發行專線— (02)23066842
　　　　　讀者服務專線— 0800231705
　　　　　　　　　　　 (02)23047103
　　　　　讀者服務傳真— (02)23046858
　　　　　郵撥— 19344724 時報文化出版公司
　　　　　信箱— 10899 台北華江橋郵局第 99 信箱
時報悅讀網—http://www.readingtimes.com.tw
法律顧問—理律法律事務所 陳長文律師、李念祖律師
印　　刷—勁達印刷有限公司
初版一刷—2023 年 9 月 29 日
定　　價—新台幣 380 元
（缺頁或破損的書，請寄回更換）

時報文化出版公司成立於一九七五年，
並於一九九九年股票上櫃公開發行，於二〇〇八年脫離中時集團非屬旺中，
以「尊重智慧與創意的文化事業」為信念。

給和平一個機會 / 朱雲鵬著 .-- 初版 .-- 臺北市：時報文化出版企
業股份有限公司 , 2023.9
　　面；　公分 .-- (歷史與現場；346)
　ISBN 978-626-374-328-1(平裝)

1.CST: 兩岸關係 2.CST: 中美關係

573.09　　　　　　　　　　　　　　　　　112014708

ISBN 978-626-374-328-1
Printed in Taiwan